GU RATGEBER
LEBEN

Petra Hopfenzitz
Dr. med. Hellmut Lützner

Fasten und Meditation

Den Körper entlasten.
Die Kraft der inneren Bilder nutzen.
Zu einem neuen Selbstbewußtsein finden.
Rat und Anleitung für eine Fastenwoche.

GU GRÄFE UND UNZER

Wichtiger Hinweis

Fasten, nach den Anleitungen dieses Buches, dürfen nur wirklich gesunde Menschen, die im Fasten bereits erfahren sind. Erstfaster verweisen wir auf den GU Ratgeber »Wie neugeboren durch Fasten«.
Wenn Sie sich Ihrer physischen und psychischen Gesundheit nicht sicher sind oder sich in ärztlicher Behandlung befinden, sollten Sie Ihren Hausarzt fragen. Wenn Sie chronisch krank sind, Medikamente nehmen, sich nicht gesund fühlen oder wegen irgendwelcher Beschwerden in ärztlicher Behandlung stehen, so dürfen Sie nicht selbständig fasten. Sie sollten sich einer Fastenklinik anvertrauen. Wenn in der Fasten- oder Nachfastenzeit Beschwerden auftreten, sollten Sie einen fastenerfahrenen Arzt aufsuchen.
Meditieren nach den Anleitungen dieses Buches dürfen ebenfalls nur wirklich gesunde Menschen. Wenn Sie in psychologischer, psychiatrischer oder psychotherapeutischer Behandlung stehen, dürfen Sie nicht selbständig meditieren. Brechen Sie eine Meditationsübung unverzüglich ab, wenn Sie sich in der Meditation mit Gefühlen, Gedanken oder Empfindungen konfrontiert sehen, die Sie verwirren. Wenn Ihnen dadurch bewußt wird, daß Sie Hilfe bei der Lösung eines Problems brauchen, sollten Sie sich an einen Fachmann wenden.

Inhalt

Ein Wort zuvor

Fasten heißt: aus sich selbst leben, von innen heraus leben. Für den Körper bedeutet dies, daß er aus seinen Fettdepots lebt, die, sichtbar, oft als Übergewicht belasten. Was aber bedeutet Fasten in seelisch-geistigem Sinn?
Wer schon Erfahrung im Fasten hat, kennt das Bedürfnis, während dieser Zeit mit sich selbst allein zu sein, in Ruhe gelassen zu werden – »in die Wüste zu gehen«, wie die Bibel sagt. Fastenzeit ist eine Zeit, in der wir uns nach innen wenden, in der wir zu uns finden möchten. Diesem Wunsch kommt die Meditation entgegen; seit Jahrtausenden bewährt, hilft sie uns, einen Ruhepunkt in uns zu finden, die eigene Mitte. Während der Fastenzeit kann Meditation am ehesten gelingen.

Dieser dritte GU Fasten-Ratgeber führt weiter, was mit den ersten beiden begann:

- Fasten – das Leben ohne Nahrung – kann jeder kennenlernen und erfahren. Es will jedoch gelernt sein. Der Erstfaster braucht Anleitungen, wie sie der erste GU Fasten-Ratgeber vermittelt *(Wie neugeboren durch Fasten)*.
- Nach dem Fasten richtig essen und das Richtige essen – das ist der notwendige zweite Schritt, um den Teufelskreis falscher Ernährungs- und Eßgewohnheiten zu durchbrechen (GU Ratgeber für die Nachfastenzeit *Richtig essen nach dem Fasten)*.

Fasten – mit Leib und Seele

- Während des Fastens sich selbst begegnen, seinen Körper schätzen und lieben lernen, sich auseinandersetzen mit den aus dem Inneren gesteuerten Eßgewohnheiten: Der dritte GU Fasten-Ratgeber *Fasten und Meditation* hilft Ihnen, von innen heraus schlank zu werden und schlank zu bleiben.

In jedem gesunden Menschen ruhen Fähigkeiten, die so lange ungenutzt bleiben, so lange er sie nicht erfahren hat. Wußten Sie vor Ihrem ersten Fastenerlebnis, daß Sie wirklich ohne Nahrung leben können – arbeiten, denken, fröhlich sein? Wußten Sie, daß Ihr freiwilliger Verzicht auf Nahrung und Genußmittel Sie eine neue Lebensqualität erfahren läßt?

Wußten Sie, daß der sorgsame Umgang mit einfachen Speisen diese bunt und erlebnisreich werden läßt, daß er Lebensgenuß sein kann und gleichzeitig Gesundung bedeutet?
Nehmen wir an, Sie möchten anderen Menschen von diesen Erlebnissen erzählen. Wundern Sie sich nicht, wenn Ihre Gesprächspartner nicht verstehen, wovon Sie sprechen, sogar abwehren mit allerlei Vorurteilen: *Erfahrenes Wissen* läßt sich eben nicht ersetzen durch angelerntes »Wissen«.

Die inneren Bilder

Ähnlich geht es mit der inneren Bilderwelt; wir wissen zwar, daß sie in uns ist, nehmen sie aber kaum noch wahr, weil wir mit Bildern, Begriffen und Vorstellungen von außen überschwemmt werden. Die Fähigkeit aber, Bilder aus unserem Inneren zu sehen und Signale aus der Tiefe unseres Seins wahrzunehmen, ist uns nicht verlorengegangen; wir müssen nur wieder lernen, sie zu nutzen. Denn wer sich von seinen inneren Bildern geführt weiß, kennt bessere Leitlinien für sein Leben als jener, der nur von übernommenen Regeln, Geboten oder Verboten geleitet – oder verleitet – wird.
Lassen Sie sich an die Hand nehmen und in die interessante, die aufregende Bilderwelt Ihres eigenen Unbewußten führen. Auf diesem Weg begleitet Petra Hopfenzitz unsere Patienten Tag für Tag. Sie hat große Erfahrungen aus dem Umgang mit sich und mit anderen gesunden Menschen. Sie gibt Anleitung zum Stillesein, zum Nach-innen-Lauschen, zum Wahrnehmen. Sie hilft Ihnen, »negative« Bilder loszulassen und »positive« an ihre Stelle zu setzen. Dies bedeutet: unnütze Hemmungen überwinden und Impulse zur Gestaltung positiven Lebens erhalten und nutzen.

Zeit zur Besinnung

Fastenzeit ist Besinnungszeit, Zeit zur Sinnfindung. Während dieser Zeit und aus der Mitte heraus ist der Sinn der Dinge und der Begebenheiten neu zu verstehen, lassen sich neue Maßstäbe für den Alltag setzen.
»Jeder Fastende ist ein Werdender«, sagt Otto Buchinger. Jeder Faster verändert, er entwickelt sich. Die Meditation kann diesen Prozeß in gewinnbringende Bahnen lenken. In Meditation und Fasten erfahrene Menschen bezeugen, daß sie klarer leben, selbstverständlicher, glücklicher und sinnvoller.

Hellmut Lützner

Fasten und Meditation

Das sollten Sie wissen

Wenn Sie im Fasten bereits geübt sind und wenn Sie von den hier vorgestellten Meditationsübungen erwarten, daß sie Ihnen Möglichkeiten eröffnen, Ihrem Körper, Ihrem Gewicht, Ihrer Nahrung – vielleicht sogar sich selbst – positiver gegenüberzustehen, dann ist dieses Buch genau richtig für Sie.
Ausdrücklich sei auf das Kapitel »Wissenswertes für die Praxis« verwiesen. Dort finden Sie im Abschnitt »Fasten für Gesunde« (→ Seite 13) eine Beschreibung jener Situationen und Umstände, unter denen Sie in keinem Fall fasten sollten.
Wenn Sie Erstfaster sind, sollten Sie sich beim Fasten nach den ausführlichen Anleitungen im GU Ratgeber »Wie neugeboren durch Fasten« (→ Seite 84) richten.
Wenn Sie zum ersten Mal meditieren, sollten Sie zunächst den Abschnitt »Richtig meditieren« (→ Seite 19) aufmerksam lesen. Wenn Sie sich bereits beim Lesen unwohl fühlen, oder wenn Sie Vorbehalte der Meditation gegenüber haben, empfehle ich Ihnen, mit Ihrem Arzt darüber zu sprechen.

Was ist Fasten?

Fasten – das zweite Energieprogramm des Körpers

Der Körper schaltet um

Ihr Körper hat zwei Energieprogramme. Das »Programm I« ist »eingeschaltet«, wenn Sie, wie gewohnt, dreimal am Tag oder öfter essen. Ihr Körper setzt dabei die in der Nahrung enthaltenen Nährstoffe in Energie (Kraft und Wärme) um; Stoffwechselprodukte scheidet er über die Verdauung aus. Übersteigt die dem Körper zugeführte Energiemenge (gemessen in Kalorien/Joule) den Energiebedarf, so wandelt der Organismus den Überschuß in Fett um, das er in Fettdepots einlagert.
Mit diesen Vorratslagern Ihres Körpers sind Sie bestens darauf eingerichtet, über längere Zeit ohne Nahrung auszukommen; denn sobald Sie Ihrem Körper – wie etwa nachts – keine Nahrung mehr zuführen, greift er auf seine Vorratslager zurück, baut das Fett ab und setzt es in Wärme und Energie um: Das Energieprogramm II läuft ab.

Entschlackung, Gewichtsverlust

Begleiterscheinungen dieses Prozesses sind – ob Sie nun »nur« nachts ein paar Stunden lang nichts essen oder ob Sie bewußt länger fasten – Entschlackung und Reinigung des Gewebes sowie Gewichtsverlust.
So automatisch wie der Körper jede Nacht auf sein zweites Programm umschaltet, schaltet er auch zu Beginn des Fastens um. Diese Umstellung wird vorbereitet durch:

- das Wissen um die im Menschen vorprogrammierte Fähigkeit zum Fasten,
- das Vertrauen in die Ungefährlichkeit dieses natürlichen Weges,
- den freiwilligen Entschluß zu fasten,
- eine gründliche Darmreinigung (→ Seite 83).

Das hilft Ihnen beim Einstieg ins Fasten

Wenn Sie sich zu Beginn des Fastens vorstellen, daß Ihr Körper eine herrlich gefüllte Speisekammer hat, aus der er sich eine Zeitlang bestens versorgen kann, hilft Ihnen dieses Bild beim Einstieg ins Fasten, die Gedanken ans Essen loszulassen – und das Fasten wird Ihnen leichter fallen.

Fasten – der seelische Aspekt

So alt wie das Wissen um das zweite Energieprogramm des Körpers und die Fähigkeit des Menschen zu fasten ist auch die Beobachtung, daß Fasten mehr ist als eine rein *körperliche* Leistung. Wer fastet, träumt vermehrt, ist empfindsamer als üblich und beschäftigt sich mehr mit sich selbst: Fasten bedeutet auch *seelische* Reinigung und Entschlackung!

Fastenzeit – Zeit der Besinnung

Wie Sie in dieser Zeit körperlich leichter werden, so können Sie auch alte Gedanken und Gefühle »loslassen«. Sie können sie überprüfen und durch neue ersetzen. Die Methode, die ich Ihnen für diesen seelischen und geistigen »Reinigungsprozeß« anbiete, ist die Meditation, mit der ich seit Jahren hervorragende Erfahrungen gemacht habe.

Was ist Meditation?

»Alltägliche Meditation«

Sicher ist es auch Ihnen schon einmal so gegangen: Sie haben nur eine Kleinigkeit getan, vielleicht ein Bild endlich

In Harmonie mit sich selbst sein

aufgehängt, eine Blume betrachtet, einem Menschen zugelächelt... und für einen Moment waren die Welt und das Leben in Ordnung. Sie haben gespürt, wie lebendig Sie sind und daß alles einen Sinn hat. In solchen Momenten geschieht nichts Außergewöhnliches mit Ihnen – Sie spüren nur, wie es ist, in Harmonie mit sich selbst zu sein.
Die Meditation ermöglicht es Ihnen, diesen Einklang von Gedanken und Gefühlen immer wieder bewußt zu erleben.

Meditation – ein Weg nach innen

Nicht nur im Osten hat die Meditation (lateinisch *meditari* = nachdenken, einüben, in die Mitte bringen) als Methode zur Entspannung und zur Selbsterfahrung eine lange Tradition.
Auch im Westen wurde sie geübt, zum Beispiel in der katholischen Kirche unter der Bezeichnung »Exerzitien« (= Übungen). Das, was geübt werden kann, ist zunächst die Bereitschaft, etwas unvoreingenommen so wahrzunehmen, wie es ist. Das Ziel des Übens ist es, ohne Vorurteile und ganz in Ruhe Dinge genauer wahrzunehmen, Menschen genauer zu sehen und sich selbst vorbehaltlos betrachten zu können.

Wahrnehmen, was ist

Erst wenn Sie in der Meditation geübt sind, werden Sie feststellen, wie häufig auch Sie eher das Bild eines Gegenstandes wahrnehmen als den Gegenstand selbst in all seinen Einzelheiten. (Wissen Sie etwa auf Anhieb, welche Farbe Ihr Treppenhaus hat? Haben Sie im Kopf, wie viele Stufen Sie täglich hinauf und hinab laufen?).
Doch nicht genug damit, daß wir unsere reale Umgebung meist nur bruchstückhaft wahrnehmen – als Angehörige des westlichen Kulturkreises sind wir es zudem gewohnt, uns erst dann wohlzufühlen, wenn wir alles verstandesmäßig erklären und einordnen können. Doch unser Verstand ist nur »eine Seite der Medaille«. Die Kräfte des Unterbewußtseins sind stark und prägen uns gemeinhin mehr, als uns das bewußt und (manchmal) lieb ist! Ziel der Meditation ist es, mit den unbewußten Teilen der eigenen Persönlichkeit Kontakt aufzunehmen, in Einklang mit den eigenen Gedanken zu kommen, aber auch in Harmonie mit den eigenen Träumen, Wünschen und den im Unterbewußtsein gespeicherten Vorstellungen und Kräften.

Verstand und Gefühl in Einklang bringen

Meditieren – warum in der Fastenzeit?

Fasten – Zeit für Gefühle

Wer glaubt, unseren Eßgewohnheiten dadurch beizukommen, daß er das Essen allein unter den Gesichtspunkten »Kalorien«, »Nährwert« oder »Schadstoffbelastung« betrachtet, der geht davon aus, daß Essen nur ein »Akt der Vernunft« sei, der einzig und allein der Versorgung des Körpers diene.

Auseinandersetzung mit dem Essen

Doch Essen ist wesentlich mehr – es hat mit Gefühlen zu tun! Was geschieht, wenn zwei Menschen heiraten, ein Kind getauft wird, Freunde zu Besuch kommen oder Menschen sich versöhnen? Es wird gegessen.

Deshalb müssen all jene Diäten scheitern, bei denen Sie nur Kalorien zählen. Sie werden zwar ein paar Kilo abnehmen; aber in einer Situation, die Ihre Gefühle in Aufruhr versetzt, essen Sie wieder, weil Ihre Gefühle Sie dazu drängen!

In der Zeit des Fastens erleben Sie Ihre Gefühle intensiver als sonst – mit Hilfe der Meditation lernen Sie, Ihre Gefühle zu beachten und ihnen anders Ausdruck zu verleihen als durch Essen – damit tun Sie den ersten Schritt, um die verhängnisvolle Verknüpfung »unkontrollierte Gefühle (oder kontrollierte) – unkontrolliertes Essen« ein für allemal aufzulösen.

Fasten – Eßgewohnheiten loslassen

Gefühle beachten und ausdrücken

Fast ebenso stark wie mit Gefühlen ist Essen mit Gewohnheiten verknüpft, die in der Kindheit geprägt wurden. Ebenso wie unsere Gefühle sind unsere Eßgewohnheiten im Unterbewußtsein angesiedelt, da wir als Kinder unsere Wahrnehmungen direkt ins Unterbewußtsein aufgenommen haben.

Fasten und meditieren: Neue Wege finden

Sich von alten Eßgewohnheiten lösen

Wenn Sie also Ihre Eßgewohnheiten wirklich ändern wollen, kämpfen Sie nicht länger gegen Ihr eigenes, im Unterbewußtsein gespeichertes »Eßprogramm« an, sondern lösen Sie sich im Fasten von Ihren Eßgewohnheiten, und nehmen Sie in den Meditationsübungen, die ich Ihnen in diesem Buch zusammengestellt habe, Kontakt zu den Kräften Ihres Unterbewußtseins auf. Sie werden Ihnen helfen, an der Lösung Ihrer Gewichtsprobleme zu arbeiten.

Wissenswertes für die Praxis

Fasten für Gesunde

Wer darf fasten – wer nicht?

Nur wer ganz gesund ist, darf fasten!

Wenn Sie gesund und voll leistungsfähig sind, keine Medikamente brauchen, und wenn Sie sich zutrauen, den Anleitungen zum Fasten diszipliniert zu folgen, steht der Durchführung einer Fastenwoche zu Hause nichts im Wege.
Wer sich über seinen Gesundheitszustand nicht völlig im klaren ist, muß einen Arzt fragen, bevor er zu fasten beginnt!
Vor dem 14. Lebensjahr, aber auch, wenn Sie nahe 60 oder wenn Sie behindert sind, sollten Sie für Ihr erstes Fasten ein ärztlich geleitetes Fastenhaus oder eine Fastenklinik aufsuchen.
Bevor Sie sich zum Fasten zu Hause entschließen, sollten Sie folgende Gesichtspunkte kennen und sie in Ihre Entscheidung einbeziehen:

So reagiert Ihr Körper:

- Das »Innentempo« ist im Fasten verlangsamt; alles braucht mehr Zeit als gewohnt.
- Der Kreislauf ist nicht so stabil wie sonst.
- Denk-, Merk- und Reaktionsvermögen können verzögert sein.

So reagiert Ihre Seele:

- Fastende sind in der Regel empfindsamer und damit schutzloser gegen Angriffe.

Das müssen Sie unbedingt beachten:

Alles geht langsamer

Wichtig

Wer einen Beruf ausübt, der ihn stark fordert, wer im Beruf für das Wohl anderer Menschen verantwortlich ist, wer mit Maschinen umgehen muß und dadurch unfallgefährdet ist (Dreher, Taxi- oder Busfahrer, Bahnführer), darf im Arbeitsalltag nicht fasten!

- Autofahrer müssen vorsichtig sein: Konzentration, Sehvermögen und Reaktionsfähigkeit können in der Fastenzeit herabgesetzt sein.

Bitte beachten

- Wer sich durch seinen Alltag überfordert fühlt, wer überreizt ist, oder wer erschöpft ist (Krankheit oder Operation), sollte erst dann ans Fasten denken, wenn er sich wieder gesund und wohl fühlt.
- Wer regelmäßig Medikamente nehmen muß, gehört in eine Fastenklinik.
- Wer ein chronisches Leiden oder fehlende Gewichtsreserven hat, darf nur unter der Leitung eines fastenerfahrenen Arztes fasten.

<u>Nicht fasten sollten:</u>

- Stillende und schwangere Frauen: Warten Sie in beiden Fällen auf die Zeit danach, es ist wissenschaftlich noch nicht geklärt, ob dem Baby die Entgiftungs- und Entschlackungsvorgänge beim Fasten schaden oder nicht.
- Wer nervlich labil ist, wer seit längerer Zeit schwermütig ist, sich in einer psychologischen, psychotherapeutischen oder psychiatrischen Behandlung befindet.
- Wer es sich nicht zutraut, alleine zu fasten, oder wer es nicht wirklich will.

Fasten – wo und mit wem?

Mit Gleichgesinnten

Von vielen wird das Fasten in einer Fastenklinik unter ärztlicher Betreuung und mit Gleichgesinnten als große Erleichterung empfunden. Andere dagegen bevorzugen die gewohnte Umgebung mit ihrer Geborgenheit und Routine. Eine Kombination aus Unterstützung von außen und gewohnter Umgebung bieten die Fastengruppen, wie sie heute bereits in vielen Städten existieren. Hier finden Sie bei den gemeinsamen Treffen Anregungen für das Fasten zu Hause und Unterstützung für Ihr Tun. Darüber hinaus kann Ihnen die vertraute Umgebung Sicherheit geben, vor allem dann, wenn Sie zum erstenmal fasten und alles noch neu für Sie ist (ausführliche Hinweise → GU Ratgeber »Wie neugeboren durch Fasten«, Seite 85).

Es geht auch allein

Wenn Sie allein zu Hause fasten wollen, brauchen Sie ein wenig mehr eigene Entschlossenheit.

Für welche Form des Fastens Sie sich auch entscheiden – sollte sich Ihr Partner Ihrem Vorhaben anschließen, haben Sie die besten Voraussetzungen, die vor Ihnen liegende Fastenwoche zu einem positiven Erlebnis werden zu lassen.

Der richtige Zeitpunkt

Wichtig: Sie müssen Ruhe haben

Um innerlich entspannen zu können (die wichtigste Voraussetzung für eine gelungene Fastenzeit), braucht jeder ein Mindestmaß an Ruhe und Geborgenheit. Wenn Sie sich zum Fasten zu Hause oder während eines Urlaubs entschieden haben, versuchen Sie, die Fastenwoche in eine Zeit zu legen, in der Sie wenig gestört sind: Eine Woche etwa, in der Ihre Kinder oder Ihr (nicht-fastender) Partner nicht da sind, ist eine günstige Gelegenheit. Suchen Sie nach der besten Möglichkeit, sich Ruhe und Muße zu gönnen, und sprechen Sie sich vorher mit Ihren Angehörigen ab.

Fasten leicht gemacht

Bitte an die Anleitungen halten

Auch wenn Sie ein geübter Faster sind, sollten Sie die folgenden Anleitungen lesen. Sie rufen Ihnen alles ins Gedächtnis zurück, was Sie wissen müssen, um das Fasten in der bestmöglichen Weise anzugehen, um Tag für Tag bewußt zu erleben, was im Fasten anders ist als sonst.
Zu den großen Fastenthemen wie Ausscheidung, Wärmehaushalt, Schlaf finden Sie in den Erläuterungen zu den Fastentagen genaue Informationen.
Erstfaster und Faster, deren letzte Fastenkur länger zurückliegt, sollten sich nicht allein auf die Anleitungen in diesem Buch stützen. Sie finden alles Wissenswerte für ein sicheres Fasten in der notwendigen Ausführlichkeit im GU Ratgeber »Wie neugeboren durch Fasten« (→ Seite 85).

Das Aufstehen am Morgen

Obwohl Ihr Kreislauf im Fasten normal funktioniert, kann es vorkommen, daß Sie morgens mit Schwindelgefühl, Schwäche oder Übelkeit zu kämpfen haben, wenn Sie so schnell aus dem Bett springen wie sonst auch.

Zeit lassen

Beachten Sie bitte: Im Fasten sind Kreislauf und Muskeltätigkeit ein wenig verlangsamt!
Stehen Sie daher »bewußt« auf:

- Noch im Bett sollten Sie sich räkeln – strecken – dehnen – gähnen.
- Setzen Sie sich einen Augenblick auf den Bettrand, bevor Sie aufstehen.
- Spritzen Sie sich dann im Bad erstmal kaltes Wasser ins Gesicht.

Wenn Sie etwas mehr für sich tun wollen oder wenn Sie ohnehin unter niedrigem Blutdruck leiden, empfiehlt es sich, die folgenden Tips zu beachten:

Wie es Kneipp gelehrt hat

Wasserreize tun gut

- Waschen Sie den ganzen Körper – an Händen und Füßen beginnend, dem Herzen zu – kalt ab; schlüpfen Sie dann, ohne sich abzutrocknen, wieder zurück ins Bett.
- Duschen Sie sich kurz kalt ab, und gehen Sie rasch zurück ins Bett.
- Wenn Sie heiß geduscht haben: abschließend Arm- und Gesichtsguß mit kaltem Wasser.
- Gehen Sie für 10 Sekunden auf die Wiese zum Tautreten, oder laufen Sie durch den Schnee: Dann schnell zurück ins warme Bett und das prickelnde Gefühl genießen, wenn Ihre Füße wieder warm werden.

Fünf Minuten Morgengymnastik

Gymnastik zum Wachwerden

Machen Sie morgens ein wenig Gymnastik, um die müden Glieder aufzuwecken und den lahmen Kreislauf anzukurbeln. Sie sollten

- alle Muskeln dehnen.
- die steifen Gelenke lockern,
- die starre Wirbelsäule zurechtpendeln.

Sie können auch beschwingt nach flotter Musik tanzen – das belebt und stimmt fröhlich.

Luftbad bei offenem Fenster

Ein Luftbad am Morgen ist ein guter Start in den neuen Tag: Stellen Sie sich nackt ans geöffnete Fenster, und massieren Sie Ihren Körper – beginnend an Finger- und Zehenspitzen – kräftig durch, bis Sie sich wohlig warm fühlen. Nehmen Sie dabei ein derbes Frottierhandtuch, eine weiche Badebürste oder einen Bürstenhandschuh zu Hilfe. Ein Luftbad von fünf bis zehn Minuten regt den Kreislauf an und stabilisiert ihn.

Den Kreislauf anregen

Was kann man sich während des Fastens zumuten?

Sie können Ihren Garten umgraben, wenn Sie sich Zeit dazu lassen. Sie können eine Radtour machen, schwimmen, wandern, Skilanglauf machen ... Da Ihr Kreislauf etwas langsamer reagiert als sonst, können Sie Ihre Kräfte nicht spontan aktivieren – aber Dauerleistungen gelingen Ihnen jetzt nicht nur so gut wie sonst, sondern oft sogar besser.

Keine »Sprints«

Beachten Sie bitte: Wichtig ist, daß Sie sich dreimal täglich körperlich kräftig betätigen, damit im Fasten Ihre gewohnte Leistungsfähigkeit erhalten bleibt. Wer seine Fastenzeit vorwiegend im Bett zubringt, wird an Kraft und Leistungsfähigkeit verlieren – ebenso wie ein gutgenährter Nicht-Faster, der eine Woche im Bett liegt, denn Muskeln, die nicht gefordert werden, bauen Eiweiß statt Fett ab. (Durch Eiweißzufuhr läßt sich dies nicht verhindern.) Wer fastet, kann selbstverständlich auch geistig arbeiten; und er ist in der Lage, künstlerisch-schöpferisch tätig zu sein – häufig mit besseren Resultaten als sonst.

Fordern Sie sich, aber –

3× täglich ruhen

– ruhen Sie sich auch aus

Mit Hilfe des Wechsels zwischen Spannung und Entspannung, zwischen Bewegen und Ruhen erreichen Sie am schnellsten körperliche und seelische Ausgeglichenheit. Deshalb: Nach jeder Aktivität ruhen!

- Lesen Sie nicht zuviel. Lesen strengt an. Besser ist: Augen schließen – ausruhen – entspannen.
- Lassen Sie dem Körper Zeit für seine Fastenarbeit. Er baut jetzt ab, er baut um, er baut auf. Legen Sie sich so oft wie

möglich hin, in jedem Fall aber sollten Sie nach jeder Mittagsmahlzeit ruhen. Es wird Ihnen guttun, sich eine nicht zu prall gefüllte Wärmflasche auf den Bauch zu legen.

Was kann im Fasten anders sein?

Der Körper »arbeitet« langsamer

Sehen: Im Fasten läßt der normale Augendruck etwas nach. Seien Sie unbesorgt, das kommt rasch wieder in Ordnung; und meist sehen Sie nach dem Fasten besser als zuvor.
Verstehen: Wenn Sie einen Abschnitt mehrmals lesen müssen, um ihn zu verstehen, braucht Sie das nicht zu irritieren; auch das ist in wenigen Tagen wieder in Ordnung.
Merken: Sie vergessen im Fasten plötzlich, was eben gesagt wurde, Sie können nicht so rasch formulieren wie sonst – keine Sorge, auch Ihr Kopf macht Ferien. Er ruht sich eine Weile von den alltäglichen Belastungen aus.
Die sexuelle Potenz kann sich vorübergehend verändern – vermindern oder steigern. Sie wird nach dem Fasten besser und ausgewogener, normaler sein.
Die Monatsregel kann sich verschieben, sie kann schwächer oder stärker sein als sonst. Auch hier kommt es nach dem Fasten eher zu einer Normalisierung.

Tips für das Fasten im beruflichen Alltag

Lassen Sie sich Zeit

- Nehmen Sie sich mehr Zeit als sonst für die Morgentoilette und die Morgengymnastik – also früher aufstehen.
- Nehmen Sie sich mehr Zeit für den Weg zur Arbeit. Nicht hetzen!
- Statt des Lifts die Treppe benutzen – Bewegung und viel frische Luft sind wichtig.
- Die Mittagspause für einen Spaziergang an der frischen Luft oder ein Schläfchen nutzen.
- Denken Sie an den veränderten Körper- und Mundgeruch: Den Mund häufig mit Wasser und einem Spritzer Mundwasser spülen; Pfefferminz ohne Zucker nehmen.
- Nach Feierabend bewußt entspannen.
- Wenn Sie in einer Fastengruppe sind: Treffen Sie sich regelmäßig mit Ihren Mitfastern, oder tauschen Sie am Telefon Ihre Fastenerfahrungen aus.

Richtig meditieren

Wer darf meditieren – wer nicht?

Grundsätzlich kann jeder gesunde Erwachsene meditieren. Ich habe Ihnen in diesem Buch unter den Aspekten »Gewichtsprobleme« und »Stärkung des Selbstbewußtseins« Meditationsübungen ausgesucht, mit denen ich in Fastengruppen seit langem arbeite. Sie sind auf das tägliche Erleben des Fastenden abgestimmt.

Da Sie in der Meditation Kontakt mit Ihrem Unterbewußtsein aufnehmen – zu den Kräften Ihrer Seele –, kann es sein, daß Sie mit bisher unbewußten Wünschen oder Gefühlen konfrontiert werden.

Nur wer ganz gesund ist, darf meditieren!

Wenn Ihnen diese Gefühle Unbehagen bereiten, müssen Sie die Meditationsübung abbrechen und Hilfe bei einem Fachmann suchen.

Wichtig!

Meditieren darf nicht:

- Wer auch nach dem Lesen dieses Buches noch Vorbehalte der Meditation gegenüber hat.
- Wer psychisch krank ist,
- wer in psychologischer, psychiatrischer oder psychotherapeutischer Behandlung steht (Ausnahme: Meditation unter therapeutischer Anleitung).

Meditieren – die äußeren Bedingungen

Die Übungen dieses Buches sind so aufgebaut, daß Sie sie allein zu Hause durchführen können. Wichtig ist nur, daß Sie sich innerlich und äußerlich auf die Meditationsübungen vorbereiten. Nehmen Sie Ihre Übungen wichtig!

Der Ruheplatz:

Sie brauchen für das Meditieren nicht eigens einen Raum einzurichten, aber suchen Sie sich einen Platz, an dem Sie sich gerne aufhalten. Sorgen Sie dafür, daß Sie dort für die Dauer der Übungen ungestört sind. Da Sie im Sitzen oder im Liegen meditieren, sollten Sie genügend Platz haben, um sich ungestört »auszubreiten«. Wenn Sie den Raum vorher gut

Machen Sie es sich bequem

durchlüften und ein wenig abdunkeln, haben Sie bereits optimale äußere Bedingungen für Ihre Meditationsübungen geschaffen.

Die Kleidung

Legen Sie Beengendes ab

Sie brauchen sich nichts Besonderes zu kaufen. Achten Sie nur darauf, daß Sie sich in Ihrer Kleidung wohl fühlen und daß sie Sie nicht beengt. Lockern Sie ein wenig den Kragen und den Hosen- oder Rockbund. Legen Sie ab, was Sie stören könnte wie Brille oder Uhr, und ziehen Sie die Schuhe aus. Wenn Sie leicht kalte Füße bekommen, sollten Sie sich Wollsocken anziehen.

So üben Sie richtig

Machen Sie sich den Text zu eigen

Machen Sie es sich bequem, und stellen Sie sich innerlich auf das Üben ein. Lesen Sie sich den Text der Übung jeweils aufmerksam durch. Scheuen Sie sich nicht, den Text so oft und so lange zu lesen, bis er Ihnen in seinem Sinn völlig vertraut ist. Schließen Sie die Augen, atmen Sie ein paar Mal tief durch, entspannen Sie sich (→ Seite 21), und beginnen Sie dann mit der Meditationsübung.

Einstimmung auf die Meditation

Das Visualisieren

Um zu meditieren, müssen Sie keine schwierige Technik erlernen – Sie brauchen nur etwas bewußt zu tun, das Sie sonst unbewußt tun: Gedanken und Bilder, die aus Ihrem Inneren auftauchen, aufmerksam und ruhig betrachten.

Diese bewußte Projektion innerer Bilder in der Meditation wird »Visualisierung« genannt; sie ist eine Weiterentwicklung der Vorstellungskraft, die wir täglich nutzen, um uns Bilder zu machen – ein Bild vom idealen Partner, Bilder von einer neuen Wohnungseinrichtung, vom nächsten Urlaub.

Innere Bilder – Botschaften der Seele

Der Inhalt dieser inneren Bilder ist nie Zufall – vielmehr kann der geübte Beobachter aus ihnen Schlüsse über die seelische, keinem von uns vollständig bewußte Situation eines Menschen ziehen. Ich habe den möglichen Symbolgehalt

Ihrer Bilder im Anschluß an jede Meditationsübung aufgezeigt. Im Vergleich mit dem, woran Sie sich aus Ihren meditativen Szenen erinnern, kann Ihnen der interpretierende Text etwas über die Beweggründe Ihrer Seele »verraten«.

Wege zur Entspannung

Sicher haben viele von Ihnen eine höchst wirksame Methode entwickelt, um sich zu entspannen. Das kann eine monotone Tätigkeit sein wie Gartenarbeit, eine ruhige Sportart wie Wandern oder Joggen oder ein Hobby. Der Unterschied zur Entspannung, wie sie in der Meditation erreicht werden kann, besteht darin, daß Sie während der Meditation die Entspannung wahrnehmen und bewußt Kontakt zu Ihrem Unterbewußtsein aufnehmen.

Bewußt wahrnehmen

Die Fähigkeit, sich zu entspannen, ist von Mensch zu Mensch verschieden. So wie mancher in der Lage ist, sich im Urlaub vom ersten Tag an wohl zu fühlen, sich an den Strand zu legen und Sonne und Meeresrauschen zu genießen, so gibt es Menschen, die nicht so rasch zur Ruhe kommen. Sie wollen zunächst ihre Urlaubsumgebung erkunden, sie wollen alles Neue kennenlernen. Selbst wenn sie sich dazu zwingen, am Strand zu liegen, haben sie dabei den Kopf voller Gedanken, sind innerlich bei der Familie, zu Hause oder im Büro.

Die Gedanken leiten

Ihre ersten Meditationsversuche können ähnlich aussehen: Sie schließen zwar die Augen, aber schon fliegen Ihnen tausend Gedanken durch den Kopf, und von Entspannung sind Sie weit entfernt. Lassen Sie Ihre Gedanken ruhig »fliegen«, aber leiten Sie sie...

Entspannungsübung

Die Frage, ob Sie sich entspannen können oder nicht, wird in der Theorie nicht zu beantworten sein. Deswegen habe ich Ihnen hier eine Entspannungsübung vorgestellt, mit der Sie sich »testen« können.

Vorbereitung: Machen Sie es sich an Ihrem Ruheplatz (→ Seite 19) bequem, lesen Sie den folgenden Text aufmerksam durch, wie auf Seite 20 beschrieben. Entspannen Sie sich, und beginnen Sie mit der Übung.

Schauen Sie die inneren Bilder an

Übung: Versetzen Sie sich in Gedanken an einen Urlaubsort zurück, an dem es Ihnen besonders gut gefallen hat. Versuchen Sie, die Landschaft möglichst genau vor Ihrem inneren Auge erscheinen zu lassen.

Wenn Sie die Landschaft deutlich vor Augen hatten, dann können Sie sich gut entspannen, und auch die Projektion innerer Bilder bereitet Ihnen keine Schwierigkeiten.

Nehmen Sie Ihre Fantasie zu Hilfe

Wenn Sie Schwierigkeiten hatten, die Landschaft vor Ihr inneres Auge zu holen, kann Ihnen ein einfacher Trick helfen, Kontakt zu Ihren inneren Bildern herzustellen: Beschreiben Sie sich Ihre Landschaft selbst. Malen Sie sich aus, wie sie aussehen würde, wenn Sie sie sehen könnten. Sie gehören dann zu den Menschen, die zwar keine Bilder sehen, die aber genau wissen, wie sie aussehen würden. Wenn Sie länger mit dieser Technik arbeiten, werden sich auch bei Ihnen Bilder einstellen!

Die Entspannung abschließen

In der Meditation sinken Sie in einen Zustand zwischen Schlafen und Wachen. Nach Beendigung der Übung müssen Sie – ebenso wie Sie es jeden Morgen tun – darauf achten, ganz in Ihr übliches Wachbewußtsein zurückzukehren.
Eine erprobte Hilfe, um rasch wieder ins völlige Wachbewußtsein zu kommen, ist die Vorstellung, daß Sie aus der Entspannung wie auf einer Treppe nach oben gehen, bis Sie das Gefühl haben, »angekommen« zu sein.

Den Kreislauf in Schwung bringen

Sie können aber auch einfach das Bild, das Sie vor Augen haben, loslassen, sich von ihm verabschieden. Räkeln und strecken Sie sich dann langsam, atmen Sie tief durch, bis Sie sich munter fühlen und Ihr Kreislauf wieder in Schwung gekommen ist.

Vorbereitung auf die Fastenwoche

Die Fastentage

Die Fastenwoche ist eine Zeit, in der Sie in einem wichtigen Bereich aus dem normalen Alltagsablauf herausgenommen sind: Sie nehmen an den täglichen Mahlzeiten nicht teil, und Sie sind innerlich mit sich selbst beschäftigt. Das heißt, Sie haben größeren Abstand als sonst zu Ihrer Umgebung und zu den Menschen – auch zu Ihren Angehörigen.

Befreit sein von Zwängen

Das macht Sie in großem Maß unabhängig von gewohnten Verhaltensweisen – vielleicht befreit es Sie auch von Zwängen. Unterstützen Sie dieses Gefühl, von äußeren Einflüssen unabhängig zu sein, auch dadurch, daß Sie alles, was Sie zum Fasten brauchen, vorher einkaufen.

Der zweite Grund für den Einkauf vor dem Fasten ist natürlich der, daß Sie beim Einkaufen eher in Versuchung geraten, sich etwas zu kaufen, das Sie später im Fasten sehr verlockend finden. Doch wenn Sie es dann essen, ist das Fasten gebrochen – und all Ihre bisherige Willenskraft war umsonst aufgebracht.

Vor dem Fasten: einkaufen

Sorgen Sie also bitte dafür, daß Sie die Lebensmittel und Gegenstände, die ich Ihnen auf der Einkaufsliste für die Fastentage (→ Seite 76) zusammengestellt habe, am Vorabend des Entlastungstages, des ersten Tages Ihrer Fastenwoche, im Haus haben.

Huhn oder Löwe: Ihre erste Meditationsübung

Für Ihre erste Meditationsübung brauchen Sie nur einen Augenblick Zeit und die Bereitschaft, sich auf ein Gedankenspiel einzulassen.

Lesen Sie den Text der folgenden Übung, und fragen Sie sich dabei:

»Spielerisch« nachdenken

Übung:

- »Welches Tier entspricht mir?«
- Stellen Sie sich dann das Eßverhalten verschiedener Tiere vor. Mit welchem Tier würden Sie sich im Eßverhalten vergleichen? (»Picke ich wie ein Huhn in der Nahrung herum?« – »Zermahle ich am liebsten Körner wie ein Pferd?« – »Schlage ich mir ruhig und stetig den Magen voll wie eine Kuh?« – »Spiele ich mit dem Essen wie ein Affe?«)
- Fragen Sie sich: »Welches Tier ist meinem Erscheinungsbild und meinem Temperament am ähnlichsten?« (»Bin ich grazil und ständig ›auf dem Sprung‹ wie eine Gazelle?« – »Verhalte ich mich ruhig und bedächtig wie ein Elefant?« – »Bin ich stark und einzelgängerisch wie ein Bär?« – »Bin ich fleißig und treu wie ein Biber?«)
- Denken Sie nach: »Wie fühlt sich dieses Tier?« (gefangen, geliebt, aggressiv, abgelehnt ...)

Lassen Sie sich Zeit

Vielleicht finden Sie ein Tier, vielleicht auch zwei Tiere. Lassen Sie sich Zeit mit Ihrer Antwort, bis Sie sich Ihrer Wahl sicher sind.

Die inneren Bilder – was sie bedeuten können

Vielleicht haben Sie sich über das Thema Ihrer ersten Meditationsübung etwas gewundert, Sie fragen sich jetzt vielleicht, was das Ganze soll. Sicher aber sind Sie auch neugierig, den Sinn dieser Übung zu erfahren.

Symbole der Seelenkräfte

Erkennen Sie sich in Ihrem Tier?

Unbewußt verbinden wir Menschen mit den verschiedenen Tiergestalten bestimmte Eigenschaften. So wie Herrscherhäuser ein Wappentier wählen, so wie Naturstämme unter dem Schutz ihres Totemtieres leben, so verkörpert jedes Tier, das Sie eben gewählt haben, Eigenschaften, die Sie auch bei sich finden, oder die Sie besitzen möchten, weil Sie das Tier darum bewundern. Es ist ein Symbol für Sie selbst.

Was haben Tiersymbole mit Ihrem Gewicht zu tun?

Fasten Sie, um sich etwas Gutes zu tun? Oder fasten Sie aus Ärger auf Ihre überflüssigen Pfunde, aus Kummer über Ihre Figur oder aus Zorn auf Ihr unkontrolliertes Eßverhalten? Wenn Sie aus solchen Gründen abnehmen wollen, gehen Sie mit sich selbst ähnlich um wie mit einem wilden, fremden Tier.

Es gibt vermutlich Seiten an Ihnen, die Sie nicht mögen oder die Sie gar fürchten. Weil Sie nicht wissen, wie Sie mit ihnen umgehen sollen, versuchen Sie, es sich möglichst leicht zu machen, indem Sie diese Seiten verdrängen und unterdrükken. Aber es ist eine alte Weisheit, daß alles, was unterdrückt wird, besonders stark auf sich aufmerksam macht – zum Beispiel, indem es sich in unkontrolliertem Eßverhalten äußert.

Unbewußtes wird bewußt

Wenn Sie Ihr wahres Tier »getroffen« haben, werden Sie einen Moment der Befreiung gespürt haben. *Nehmen Sie das Tier an, loben Sie es in Gedanken, füttern und streicheln Sie es.* Versuchen Sie zu begreifen, was es Ihnen sagen will.

Fahrplan durch die Fastenwoche

	Aufnahme	Ausscheidung	Bewegung/Ruhe	Körperpflege	Bewußtes Erleben
Entlastungstag	Heute können Sie wählen. Weniger als sonst essen, oder streng entlasten: *Obsttag* (1,5 kg Obst) oder *Rohkosttag* (1,5 kg als Salate) oder *Reistag*. **Rezepte für alle Tage der Fastenwoche → Seite 78**	Weicher Stuhl durch Ballaststoffe: zu Leinsamen oder Weizenkleie reichlich trinken.	Spazierengehen an der frischen Luft. Zur Ruhe kommen.	Baden; entspannen.	Sich's gemütlich machen. Sich vom Alltag ablösen: Meditationsübungen »Erholungsort«, »Das Lebensgefühl ändern«.
Erster Fastentag	*Früh:* Morgentee, Glaubersalz (mit Zitrone) oder Einlauf.	*Früh:* Darm gründlich entleeren (Einlauf oder Glaubersalz).	*Früh:* Zu Hause bleiben.	Ausschlafen; ruhen; sich warm halten.	Essen und Gedanken daran »loslassen«: Meditationsübungen »Eßfantasie«, »Nahrung«.
	Vormittag: Wasser oder Tee.				
	Mittag: Gemüsebrühe oder Gemüsecocktail.	Leber entgiftet besser im Liegen.	Mittagsschlaf	*Mittag:* Sich warm halten.	
	Nachmittag: Früchte- oder Kräutertee (½ Teelöffel Honig).		Spazierengehen.		
	Abend: Obstsaft oder Gemüsesaft oder Gemüsebrühe.			*Abend:* Früh zu Bett.	
Zweiter Fastentag	*Früh* Morgentee (½ Teel. Honig).	Mehr trinken als sonst, um Nieren und Gewebe durchzuspülen.	*Früh:* bewußt aufstehen (dehnen, strecken).	*Früh:* Kältereize, Luftbad, Hautpflege (bürsten und ölen), duschen.	Sich verwöhnen; sich selbst ernstnehmen: Meditationsübungen »So sehe ich mich«, »Zuwendung«.
	Vormittag: Wasser zwischendurch.				
	Mittag: Gemüsebrühe oder Gemüsecocktail.		Mittagsruhe.	Sich warm halten.	
	Nachmittag: Früchte- oder Kräutertee (½ Teel. Honig).		*Nachmittag:* Spazierengehen (zügig).	Keine Sauna! Kein Vollbad!	
	Abend: Obstsaft, Gemüsesaft oder Gemüsebrühe.				
Dritter Fastentag	wie zweiter Fastentag	*Früh:* Darm gründlich entleeren: Einlauf! Spontaner Stuhlgang möglich, aber selten (Molke oder Sauerkrautsaft).	*Früh:* Leichte Bewegung. Mittagsruhe *Abend:* Die Nacht »positiv gestalten«.	*Früh:* Wechseldusche; Hautpflege (bürsten, duschen und ölen). Leibwärme, Leberpackung.	Keinen Hunger haben! Den eigenen Körper positiv betrachten: Meditationsübungen »Mein Körperbild«, »Die neue Erscheinung«.

Fahrplan durch die Fastenwoche

	Aufnahme	Ausscheidung	Bewegung/Ruhe	Körperpflege	Bewußtes Erleben
Vierter Fastentag	wie zweiter Fastentag	Übler Schweiß- und Mundgeruch sind normal.	Aktiv werden – Sport treiben, aber nach körperlicher Anstrengung entspannen und ruhen (im Liegen). *Abend:* Nachtruhe genießen.	Tautreten, duschen, Hautpflege (bürsten, duschen und ölen). Sauna und Vollbad möglich.	Zeit für Gefühle haben – sich selbst ein guter Freund werden: Meditationsübungen »Ich mag mich«, »Ich bin wertvoll und liebenswert«.
Fünfter Fastentag	wie zweiter Fastentag	*Früh:* Darm gründlich entleeren: Einlauf! Spontaner Stuhlgang möglich, aber selten.	*Früh:* Zu Hause bleiben (Einlauf). Ausgiebige Bewegung möglich.	Hautpflege (bürsten, duschen und ölen). Mittagsruhe. Sich warm halten. Entspannen.	Gesteigerte Energie und Aktivität erleben – Gefühle der Freude: Meditationsübungen »Strahlen Sie«, »Farben wählen«.
Erster Aufbautag	*Früh:* Morgentee *Vormittag:* Fastenbrechen: 1 gut reifer Apfel (oder Apfel gedünstet). *Mittag:* Kartoffel-Gemüse-Suppe. *Nachmittag:* Früchte- oder Kräutertee. *Abend:* Tomatensuppe, Buttermilch mit Leinsamen, Knäckebrot. Trockenobst einweichen!	Darmpflege: Ausscheidung durch Ballaststoffe fördern; zu Leinsamen oder Weizenkleie reichlich trinken.	*Früh:* Gymnastik oder Sport *vor* dem Fastenbrechen. Spazierengehen. Mittagsruhe. Heute in allem: »Schongang«.	Kneipp: »Kaltreiz ist Lebensreiz«. Bei Völlegefühl: 1- bis 2mal täglich liegen. Prießnitz – Leibauflage.	Die erste Mahlzeit bewußt genießen – Nahrung neu »bewerten«. Die Kraft der Gedanken entdecken: Meditationsübungen »Jedes Nahrungsmittel – ein Lebens-Mittel«, »Gesegnete Mahlzeit«.
Zweiter Aufbautag	*Früh:* Sauerkrautsaft oder Molke. *Frühstück:* Backpflaumen und Weizenschrotsuppe. *Vormittag:* viel trinken. *Mittag:* Blattsalat, Pellkartoffeln, Karottengemüse; Biohurt mit Leinsamen und Sanddornsaft. *Nachmittag:* viel trinken. *Abend:* Karottenrohkost, Getreide-Gemüse-Suppe; Dickmilch mit Sanddornsaft, Knäckebrot.	Spontane Darmentleerung? – sonst: ½ Einlauf oder abwarten bis morgen. Gewichtsanstieg in Kauf nehmen.	Flauten in Kauf nehmen. Spazierengehen: »Nach dem Essen sollst Du ruh'n – oder tausend Schritte tun«. Anstrengungen meiden.	Kreislauf in Gang bringen: Bürstenmassage und Spaziergang. Keine Sauna, kein Vollbad! 5 Minuten liegen bei Schwindel oder Kopfleere.	Ruhe und Zufriedenheit spüren. Kraftquellen für den Alltag finden: Meditationsübungen »Nutzen Sie Ihre Herzenskräfte«, »Rose«.

Der Entlastungstag

Der erste Schritt ins Fasten

Sie werden sehen, daß dieser erste Tag gar nicht schwierig ist für Sie. Sie können etwas Leichtes essen oder mit dem »Obsttag« eine strengere Form des Entlastungstages wählen (Einkaufsliste für den Entlastungstag → Seite 76); eine einfache, aber aufschlußreiche Meditationsübung macht Sie mit einer Landschaft bekannt, in der Sie sich jederzeit – auch nach dem Fasten – erholen können. Was Sie heute tun sollten, um den Tag im Sinne einer richtig durchgeführten Fastenwoche zu gestalten, finden Sie auf Seite 26 im *Fahrplan durch die Fastenwoche*, Rezepte und Anleitungen finden Sie auf Seite 78.

Richtig »essen« im Fasten

Genießen Sie!

Da Sie auch in den Fastentagen täglich eine warme Gemüsebrühe zu sich nehmen, sollten Sie versuchen, jede Mahlzeit zu genießen. Bereiten Sie die Gerichte heute und an den Fastentagen bewußt und liebevoll zu, setzen Sie sich dann in Ruhe an den einladend gedeckten Tisch, und essen Sie mit Freude. Kauen Sie jeden Bissen etwa 35mal (auch flüssige Nahrung sollte so gründlich eingespeichelt werden), entspannen Sie sich dabei, genießen Sie, was Sie zu sich nehmen.

Meditationsübung: Erholungsort

Einstimmung aufs Fasten

Die heutige Meditationsübung soll Ihnen helfen, den Entlastungstag als Zeit des »Umschaltens« und der Einstimmung auf die vor Ihnen liegenden Fastentage zu nutzen. Sie werden in dieser Übung eine Umgebung kennenlernen, die Ihnen zunächst für die Zeit des Fastens als Erholungsort dienen soll. Doch Sie werden auch erfahren, was die gewählte Landschaft über Sie auszusagen vermag.

<u>Vorbereitung:</u> Machen Sie es sich an Ihrem Ruheplatz bequem (→ Seite 19), lesen Sie den folgenden Text aufmerksam durch, wie auf Seite 20 beschrieben. Entspannen Sie sich, und beginnen Sie mit der Meditationsübung.

Übung: Stellen Sie sich eine Landschaft vor, in der Sie sich wohl fühlen. Malen Sie sich die Landschaft bis ins Detail aus.

Ihr Boden?

- Wie ist der Boden beschaffen: Weide, Wüste, Sandstrand, Wiese, Sumpf?

Ihr Himmel?

- Wie ist der Himmel: strahlend blau, wolkenverhangen...? Gehen Sie in die Landschaft hinein, bis Sie zu einer Quelle kommen.
- Beschreiben Sie diese Quelle: Sprudelt sie hell aus dem Boden, ist es ein Springbrunnen, ein Bergquell, ein Sumpfloch...?

Ihr Wasser?

- Probieren Sie das Quellwasser – wie schmeckt es: rein, frisch, würzig, brackig, salzig...

Aus der Quelle wird ein Bach, der vielleicht zu einem Fluß und schließlich zu einem Strom anwächst, der in einen See oder ins Meer mündet.
Sehen Sie sich nun in Ihrer Landschaft um: Gibt es beispielsweise Bäume, Wälder, Felder, Hügel und Berge, Tiere, Pflanzen und Beete? Gehen Sie in dieser Landschaft spazieren, genießen Sie die Sonne auf Ihrer Haut. Lassen Sie die Übung ausklingen.

Beenden Sie die Übung, wie auf Seite 22 beschrieben.
Nehmen Sie sich Zeit, Ihre Landschaft aufzuzeichnen, bevor Sie jetzt weiterlesen.

Die inneren Bilder – was sie bedeuten können

»Bildersprache«

Die Beschaffenheit des *Bodens* Ihres Erholungsortes symbolisiert Ihr grundlegendes Lebensgefühl. In Sätzen wie »dem brennt der Boden unter den Füßen« – oder »sie geht einen steinigen Weg« – sind die Bilder, die eine Beziehung zwischen der subjektiven Wahrnehmung der eigenen Lebenssituation und dem Symbol »Boden« herstellen, zur Alltagssprache geworden.

Lebenskraft

Die *Quelle* ist unsere Lebenskraft. Wenn das Wasser der Quelle direkt aus dem Boden sprudelt, bedeutet das, daß sich Ihre Lebenskraft ungestört in Ihnen entfalten kann. Tritt das Quellwasser aus einem Felsen oder durch ein Rohr zutage, steht Ihre Lebensenergie unter Druck. Wenn Sie statt einer

Quelle einen Brunnen gesehen haben, verweist dieses Bild darauf, daß Sie irgendwann in Ihrem Leben damit begonnen haben, Ihre Kraft einzugrenzen. Sie fließt jetzt nicht mehr frei durch Sie hindurch, sondern sie wird von Ihnen nur noch zum Erreichen bestimmter Ziele eingesetzt.

Lebensfluß

Der *Fluß* in Ihrer inneren Landschaft kann kraftvoll einherrauschen, er kann leise dahinplätschern. Manchmal tritt er über die Ufer, manchmal versickert er. Ob er auf dem Weg zum See oder ins Meer ein weites Gebiet bewässert oder ungenutzt dahinfließt – die Art und Weise wie er sich bewegt, symbolisiert den Fluß Ihres Lebens und das Fließen Ihrer Lebenskraft.

Baden – die Seele »spüren«

Der *See* oder das *Meer* symbolisiert Ihre Seele. Ein ausgiebiges Bad in Ihrem See oder Ihrem Meer – das ist der schönste Kontakt zu Ihrer Seele. Nichts soll den Hochgenuß dieses Bades beeinträchtigen: »Stellen« Sie eine wohlige Temperatur »ein«, entfernen Sie Kleidung, die Sie stört, und gleiten Sie ins Wasser.

Alles fließt

Wenn in Ihrer Landschaft ein See ist, überzeugen Sie sich bitte davon, daß er einen Abfluß hat. In dem Maß, in dem Wasser dem See zufließt, sollte es auch wieder abfließen können. Sie wissen selbst, welche Kräfte auf einen Staudamm wirken und was geschieht, wenn der Staudamm bricht. (Kennen Sie explosive Menschen?) Manchmal wirkt sich ein Gefühlsstau auch auf den Körper aus und führt zu Bluthochdruck oder Wasseransammlungen im Gewebe.

Hatte Ihr See bisher keinen Abfluß, graben Sie ihm jetzt einen. Tun Sie es langsam, damit Sie nicht meinen, von Ihren Gefühlen überschwemmt zu werden.

In der Symbolsprache der Seele verkörpern *Tannenwälder* die uns bisher verschlossenen Seiten des Unterbewußtseins.

Fühlen Sie sich erdrückt?

Berge in ihrer majestätischen Größe sind Zeichen für Autoritäten in Ihrem Leben. Stehen sie Ihnen in Ihrer Landschaft erdrückend nahe oder kümmern sie Sie gar nicht, weil sie so weit entfernt sind?

Meditationsübung: Das Lebensgefühl ändern

Was möchten Sie verändern?

Vielleicht waren Ihnen die Bilder und ihre Sprache schon vertraut – vielleicht war das alles ganz neu für Sie. Sicher aber gibt es Einzelheiten der Landschaft, mit denen Sie zufrieden sind und an denen Sie sich freuen – und es gibt Details, die Ihnen mißfallen oder zu denken geben.
In der Meditation haben Sie nicht nur die Möglichkeit, den »Ist-Zustand« Ihrer Seele zu sehen – Sie können auch wandeln, was Sie verändern wollen.
Wenn Sie das tun, werden Sie feststellen, daß in dem Maß, in dem Sie Ihre innere Landschaft ändern, Ihr Leben neue Züge annimmt.

Vorbereitung: Machen Sie es sich an Ihrem Ruheplatz bequem (→ Seite 19), lesen Sie den folgenden Text aufmerksam durch, wie auf Seite 20 beschrieben. Entspannen Sie sich, und beginnen Sie mit der Meditationsübung.

Im Leben stehen, durchs Leben gehen

Übung: Ist die Basis *Ihres Lebens* eine saftige grüne Weide, eine blumenübersäte Wiese – oder »gehen Sie barfuß über ein Stoppelfeld«? Können Sie sich erinnern, wie leicht Sie durchs Leben gingen, als Sie verliebt waren? Das Leben war wie immer, doch Ihre Wahrnehmung war eine andere. Empfinden Sie Ihr Leben als hart und wollen Sie das ändern – dann verändern Sie den »Boden unter Ihren Füßen«.

Lebenskraft nutzen

Lassen Sie das »Wasser des Lebens« reich und kraftvoll sprudeln – arbeiten Sie bewußt an der »Entwicklung« Ihrer *Quelle*: Benutzen Sie einen Zauberstab, lassen Sie Arbeiter zu Hilfe kommen – oder suchen Sie ihr einen anderen Weg. Sie können auch Geschmack und Temperatur des Wassers auf jede Weise Ihrem Wunsch gemäß wandeln.
Jedesmal, wenn Sie die Quelle benutzen, um sich zu waschen und von dem Wasser zu trinken, tanken Sie Kraft und Energie. Nutzen Sie diese Möglichkeit häufig – vor

allem, wenn Sie Phasen haben, in denen Sie sich schlapp fühlen und in denen Sie zuviel essen.
Gefällt Ihnen die Geschwindigkeit, mit der Ihr *Fluß (Strom)* dahinrauscht? – Mögen Sie das Tempo, in dem Sie leben, oder möchten Sie etwas daran ändern? Bestimmen Sie selbst, ob Ihr Lebensfluß rasch oder gemächlich dahinzieht. Probieren Sie mehrere Möglichkeiten aus; entscheiden Sie sich dann für jenen Flußlauf, der Ihnen am besten gefällt. Ob die Geschwindigkeit Ihres Flusses Ihnen zusagt, können Sie prüfen, indem Sie sich in Gedanken in den Fluß hineinlegen und sich von ihm bis zum See oder bis ins Meer treiben lassen.

Gefühle zulassen

Hing der *Himmel* voller Gewitterwolken? Dann sollten Sie Ihren Gefühlshimmel klären. Weinen Sie, wenn Ihnen danach zumute ist. Lassen Sie es in Ihren Gedanken nach Wunsch regnen, oder stellen Sie sich vor, wie ein kraftvolles Gewitter die Luft reinigt; vermutlich lösen sich die Wolken dann auf, und der Himmel über Ihrem Erholungsort wird strahlend blau und klar.

Beenden Sie die Übung, wie auf Seite 22 beschrieben.

Der erste Fastentag

Heute beginnt das Fasten. Erleichtern Sie sich den Einstieg in die kommenden Tage, indem Sie es sich heute besonders gut gehen lassen. Verwöhnen Sie sich ruhig einmal; machen Sie es sich an einem stillen Plätzchen mit einem Buch und einer Wärmflasche gemütlich.

Verwöhnen Sie sich

Was Sie heute tun sollten, um den Tag im Sinne einer richtig durchgeführten Fastenwoche zu gestalten, finden Sie auf Seite 26 im *Fahrplan durch die Fastenwoche*, Rezepte und Anleitungen → Seite 78.

Über den Hunger

Wenn Sie schon einmal eine Reduktionsdiät gemacht haben, kennen Sie wahrscheinlich das nagende Gefühl des Hungers. Es ist bei Diäten eine häufige Erscheinung, denn der Körper arbeitet zwar weiterhin in seinem gewöhnlichen Energieprogramm (→ Energieprogramm I, Seite 9), bekommt aber weniger Kalorien, als er für seinen Tagesbedarf bräuchte. Erst nachdem Sie auf sein Signal (Hunger) nicht reagiert haben, greift er auf seine Energiereserven zurück.

Vertrauen Sie Ihrem Körper

Beim Fasten ist das anders: Nachdem Sie dem Körper mit einer gründlichen Darmreinigung (→ Seite 34) das eindeutige Startsignal zum Fasten gegeben haben, schaltet Ihr Organismus auf das Energieprogramm II um und ernährt sich aus seinen Reserven problemlos selbst (→ Seite 9). Sie können das Fasten im festen Vertrauen darauf beginnen, daß Ihr Körper in den kommenden Tagen genau weiß, was er zu tun hat, um Sie gesund und leistungsfähig zu halten.

Versuchen Sie, sich mit dem folgenden Gedanken anzufreunden: Jedes Gramm Fett an Ihnen ist ein Stück Nahrung in der großen Speisekammer Ihres Körpers. Sie können sich darauf verlassen, daß Ihr Organismus, der diese Vorräte angelegt hat, auch weiß, wie er an sie herankommt.

Darmreinigung

Für Ihren Körper ist eine gründliche Darmreinigung das »Startsignal« fürs Fasten, deshalb müssen Sie heute den Darm gründlich entleeren. Auch im Fasten sollten Sie für gründliche Entleerung sorgen: Machen Sie jeden zweiten Tag einen Einlauf!

Nur wenn Sie normalerweise regelmäßig Stuhlgang haben und sich Ihr Darm dabei vollständig entleert, genügen ⅛ Liter Sauerkrautsaft oder ⅛ Liter Molke oder Buttermilch täglich im Fasten getrunken, damit die Entleerung »klappt«.

Gründlich: Glaubersalz

70% der Bevölkerung in der Bundesrepublik Deutschland leiden jedoch unter Verstopfung. Wenn auch Sie Probleme mit dem Stuhlgang haben, nehmen Sie 40 g Glaubersalz, lösen Sie es in ¾ Liter warmem Zitronenwasser auf, das Sie innerhalb von 15 Minuten austrinken. Dies ist die gründlichste Form völliger Darmreinigung. Bleiben Sie nach dem »Glaubern« in jedem Fall in der Nähe der Toilette, da es in den nächsten 1 bis 3 Stunden zu durchfallartigen Entleerungen kommt. Die Darmreinigung mit Hilfe eines Einlaufs (Anleitung → Seite 83) ist schonender und in einer Viertelstunde vorüber!

Schonend: Einlauf

Das sollten Sie beachten: Frauen, die gewohnt sind, morgens die Pille zu nehmen, sollten die Einnahme heute verschieben. Nehmen Sie sie erst 3 Stunden, nachdem Sie Ihr Abführsalz getrunken haben.

Meditationsübung: Eßfantasie

Wahrscheinlich beschäftigen Sie sich heute in Ihren Gedanken noch stark mit dem Essen – vielleicht ist Ihnen sogar ein wenig bang vor Ihrem eigenen Entschluß, fünf Tage lang zu fasten.

Eßfantasien zulassen

Ich möchte Ihnen in der folgenden Meditationsübung nicht einen Weg zeigen, diese Gedanken und Empfindungen zu verdrängen, sondern ich möchte Ihnen einen Weg aufweisen, neu über Ihren Bezug zum Essen nachzudenken.

Vorbereitung: Machen Sie es sich an Ihrem Ruheplatz (→ Seite 19) bequem, lesen Sie den folgenden Text aufmerksam durch, wie auf Seite 20 beschrieben. Entspannen Sie sich, und beginnen Sie mit der Meditationsübung.

Wenn Sie das Essen interessiert

Übung: Schließen Sie die Augen, und lassen Sie das, was Sie am liebsten essen, vor Ihrem inneren Auge erscheinen.
Stellen Sie sich dieses Lieblingsgericht in einer bestimmten Situation vor: Ist es der Sonntagsbraten, bei dem die ganze Familie zusammensitzt, ein Essen zu zweit bei Kerzenschein – oder liegen Sie in Gedanken mit einem guten Buch auf dem Sofa und genießen Ihre Mußestunde mit einer Tafel Schokolade? Dabei ist es unwichtig, ob Sie die Situation in der vergangenen Woche tatsächlich erlebt haben, ob es eine Erinnerung aus Ihrer Kindheit ist oder nur ein Wunschbild. Versuchen Sie, sich die Situation in allen Einzelheiten auszumalen. Nehmen Sie die Stimmung wahr, die von dem Bild ausgeht, und überlegen Sie, was Ihnen daran besonders gut gefällt. »Ziehen« Sie nun aus dem Bild das Essen »heraus«. Spüren Sie eine Veränderung dabei? – Hat die Atmosphäre des Bildes sich verändert, wenn das Essen daraus gänzlich verschwunden ist? – Ist das Verhältnis der Menschen zueinander distanzierter geworden?

Wenn Sie die Menschen interessieren

Nehmen Sie achtsam alle Veränderungen wahr – sei es im Verhalten der Menschen zueinander oder in Ihrem eigenen Gefühl. Stellen Sie sich dann vor, daß das Bild sich verändert und Gemütlichkeit und Stimmung zurückkehren, obwohl nicht ein einziger Happen Essen auf dem Tisch steht.

Beenden Sie die Übung, wie auf Seite 22 beschrieben.

Meditationsübung: Nahrung

In der Meditationsübung »Eßfantasie«, in der Sie sich mit einer bestimmten Eßsituation auseinandergesetzt haben, konnten Sie erkennen, wie stark der gefühlsmäßige Wert des Essens ist. Nehmen Sie die folgende zweite Übung zum Anlaß, über die Entstehung Ihrer persönlichen Eßgewohnheiten nachzudenken.

Vorbereitung: Machen Sie es sich an Ihrem Ruheplatz (→ Seite 19) bequem, lesen Sie den folgenden Text aufmerksam durch, wie auf Seite 20 beschrieben. Entspannen Sie sich, und beginnen Sie mit der Meditationsübung.

Wenn Sie das Nahrungsmittel interessiert

Übung: Lassen Sie Ihr Lieblingsgericht vor Ihrem inneren Auge erscheinen. Achten Sie dabei darauf, daß nur das Nahrungsmittel zu sehen ist, ohne die damit verbundene Gefühlssituation. Interessiert Sie diese Mahlzeit jetzt noch?
Wenn Sie spüren, daß Sie selbst noch an das »nackte« Nahrungsmittel gefühlsmäßig gebunden sind, so lassen Sie das Bild Ihres Lieblingsessens in die Ferne rücken und immer kleiner werden, bis es in der Unendlichkeit verschwindet.
Lassen Sie nun ein anderes Bild aus der Ferne auf sich zukommen, das nichts mit Essen zu tun hat, Ihnen aber angenehme Gefühle bringt (Sonnenbad, Umarmung, gemütliches Beisammensein). Nehmen Sie die Gefühle mit dem dazugehörigen Bild mit aller Intensität in sich auf – bis Sie selbst finden, daß es genug ist.

Beenden Sie die Übung, wie auf Seite 22 beschrieben.

Der zweite Fastentag

Für manchen Faster mag heute ein Tag der kleinen Krisen sein: Gerade Menschen, die stark übergewichtig sind oder »normalerweise« häufig ans Essen denken, können sich heute unruhig und kribbelig fühlen. Gedanken über Sinn und Zweck des Fastens können auftauchen; schwierig wird es dann, wenn sich körperliche Unpäßlichkeiten einstellen. Brechen Sie das Fasten nicht ab! Der vergangene Tag hat Ihnen bewiesen, daß Sie fasten können. Machen Sie weiter, aber setzen Sie sich intensiv mit den beiden Themen des heutigen Tages auseinander, den Mechanismen der Ausscheidung im Fasten und Ihrem Körperbild. Was Sie heute tun sollten, um den Tag im Sinne einer richtig durchgeführten Fastenwoche zu gestalten, finden Sie auf Seite 26 im *Fahrplan durch die Fastenwoche,* Rezepte und Anleitungen → Seite 78.

Sie wissen, daß Sie fasten können!

Ausscheidung

Heute, am zweiten Fastentag, werden Sie die Auswirkungen des nun in Ihrem Körper stattfindenden veränderten Stoffwechsels spüren.
Bei dem von äußerer Zufuhr unabhängigen Energieverbrauch kommt es im Körper zu vermehrter Entwässerung und Ausscheidung von Schlackenstoffen. Da dies in hohem Maße über die Haut, unser größtes und wichtigstes Ausscheidungsorgan, geschieht, wird Ihr Körpergeruch ausgesprochen intensiv. Baden, duschen oder waschen Sie sich häufig, bürsten Sie die Haut morgens, und ölen Sie sie anschließend mit einem guten pflanzlichen Körperöl ein, das die Poren nicht verstopft und einem Austrocknen der Haut vorbeugt. Ihre Wäsche sollten Sie häufig wechseln.

Hilfe bei Körpergeruch

Freuen Sie sich über die Selbstreinigung des Körpers, denn sie wird Ihnen eine zartere, schönere Haut schenken!
Auch über die Mundschleimhäute wird Überflüssiges ausgeschieden: Möglicherweise bildet sich ein graugelber oder brauner Belag auf der Zunge; der Geschmack im Mund und der Mundgeruch werden übel. Gebrauchen Sie Ihre Zahnbürste heute häufiger als sonst, und bürsten Sie auch die Zunge! Saugen Sie Zitronenschnitze aus, kauen Sie Kalmuswurzel

oder frische Kräuter, oder nehmen Sie zwei- bis dreimal täglich einen Teelöffel Luvos Heilerde ultra mit etwas Wasser ein. Das alles bessert den Geschmack im Mund und vertreibt den Mundgeruch.

Hilfe bei Mundgeruch

Über Ihr Selbstbild

Ich vermute wohl nicht zu Unrecht, daß einige unter Ihnen ihren Körper nicht besonders mögen und selten ein »gutes Haar« an ihrem Aussehen lassen.
Wenn das so ist und wenn auch Sie den Wunsch haben, Ihren Körper zum Positiven hin zu verändern, müssen Sie als erstes versuchen, ihn – und damit sich selbst – positiv zu sehen. Versuchen Sie auch die negativen Gedanken über sich selbst »auszuscheiden« –, und beginnen Sie noch heute – mit Hilfe der Meditationsübungen – mit der Gestaltung eines schöneren, positiveren Selbst.

Ein Gemälde

Nehmen Sie ein großes Stück Papier, Farbstifte, Wasserfarben oder was Sie sonst an Malutensilien im Haus haben, und malen Sie sich selbst. Sie brauchen kein Künstler zu sein. Seien Sie einfach neugierig auf das, was jetzt entsteht – und lesen Sie bitte erst dann weiter, wenn das Bild fertig ist.

Malen Sie sich

Die Erläuterung des Gemäldes finden Sie am Ende der folgenden Übung (→ Seite 40): *Lesen Sie die »Auswertung« aber bitte erst im Anschluß an die nun folgende Meditationsübung nach!* Sie beeinflussen sonst, was Sie malen, und nehmen sich die Möglichkeit, viel Neues und Spannendes über sich selbst zu erfahren.

Meditationsübung: So sehe ich mich

Seien Sie neugierig

Vorbereitung: Machen Sie es sich an Ihrem Ruheplatz (→ Seite 19) bequem, lesen Sie den folgenden Text aufmerksam durch, wie auf Seite 20 beschrieben. Entspannen Sie sich, und beginnen Sie mit der Meditationsübung. In dieser

Meditationsübung »sehen« Sie sich selbst. Brechen Sie die Übung ab, wenn diese Begegnung Sie verwirrt. Suchen Sie Hilfe bei einem Fachmann, wenn Sie merken, daß Sie auf ein Problem gestoßen sind, das Sie belastet.

Betrachten Sie sich genau

Übung: Ziehen Sie sich an Ihren inneren Erholungsort zurück; gehen Sie dort ein wenig spazieren. Genießen Sie es, übers Gras zu wandern ... Waschen Sie sich ausgiebig an Ihrer Quelle.
Betrachten Sie dabei einmal Ihren Körper genau und in allen seinen Teilen. Lassen Sie Ihren Blick über Füße, Beine, Hüften, Bauch und Brust nach oben wandern. Stellen Sie sich Ihren Rücken vor. Nehmen Sie Ihre Schultern, Oberarme, Unterarme und Hände wahr. Betrachten Sie, wir Ihr Hals Ihren Körper und Ihren Kopf miteinander verbindet, wie Ihre Haare und Ihre Gesichtszüge aussehen.
Wenn Sie wollen, können Sie im Geist auch einen Spiegel auf die Wiese stellen, um sich die Eigenbetrachtung zu erleichtern. Fällt es Ihnen leicht oder schwer, sich selbst so zu sehen, wie Sie sind? Ist das Bild, das Sie von sich haben, deutlich, oder ist es unscharf? Können Sie sich ganz erkennen – von Kopf bis Fuß –, oder sehen Sie nur einige Körperteile?
Sehen Sie sich so alt, wie Sie sind, oder sehen Sie sich jünger beziehungsweise älter?
Entsprechen Ihr Erscheinungsbild und Ihre Größe dem Bild, das Sie morgens oder abends im Spiegel sehen? Nehmen Sie alles so genau wie möglich wahr.

Beenden Sie die Übung, wie auf Seite 22 beschrieben.
Schreiben Sie sich anschließend alles auf, was Ihnen zu dem Bild, das Sie in der Übung von sich gesehen haben, einfällt (zum Beispiel Ihr Alter, Ihre Größe, Ihre Figur). Denken Sie dabei an die Unterschiede, die Ihnen im Vergleich zu Ihrem wirklichen Aussehen aufgefallen sind.

Die beiden Bilder – was sie bedeuten können

Konnten Sie sich in der Meditationsübung überhaupt sehen? Nicht jeder hat auf Anhieb ein klares Bild von sich vor Augen, und vor allem bei Frauen erlebe ich es häufig, daß sie sich in dieser Übung nicht oder nur schlecht sehen können. Der Grund dafür ist eine fehlende Selbstwahrnehmung. Gerade Frauen erleben sich häufig nur in ihrem Handeln als Mutter, in ihrer Funktion als berufstätige Frau oder in ihrer Rolle als Ehefrau oder Schwiegertochter. Sie haben selten Zeit, sich um sich selbst zu kümmern, und wissen daher wenig über sich. Geraten Sie nicht in Unruhe, wenn Sie sich nicht sehen konnten. Lassen Sie sich vielmehr Zeit damit, versuchen Sie es immer wieder aufs neue. Es bedarf der Übung, sich ebenso wichtig wie andere Menschen zu nehmen!

Die Selbstwahrnehmung verbessern

Wenn Sie sich selbst sehen konnten, so wartet jetzt ein spannendes Erlebnis auf Sie.

Vergleichen Sie zunächst einmal Ihr Gemälde mit den Notizen zu dem Bild, das Sie in der Meditationsübung von sich gesehen haben.

Wenn Sie nur Ihren *Kopf* gesehen (oder gemalt) haben, können Sie davon ausgehen, daß der Verstand in Ihrem Leben Regie führt, daß Sie dazu neigen, Bedürfnisse und Gefühle zu kontrollieren, zu unterdrücken oder zu verdrängen.

Vom Verstand regiert

Wenn Sie nur Ihren *Körper* sehen konnten, aber nicht Ihren Kopf, so ist dies ein Hinweis darauf, daß Sie die Gefühlsbereiche besser wahrnehmen können als Ihren Verstandesbereich und Ihre Persönlichkeitsstruktur.

Vom Gefühl geleitet

Wenn Sie sich von der *Seite* gemalt haben oder in der Entspannung so gesehen haben, sollten Sie versuchen, sich darüber klar zu werden, ob es Vorteile für Sie hat, nur eine Seite an sich wahrzunehmen.

Wenn Sie Ihre *Rückenansicht* dargestellt haben, orientieren Sie sich an einem Selbstbild, das aus der Vergangenheit stammt. Versuchen Sie einmal, dieses Bild Ihrem heutigen Selbst anzugleichen. Ich bin sicher, daß auch Ihre gegenwärtige Situation ihre positiven Seiten hat. Erkennen Sie sie, und Sie werden unbelasteter in der Gegenwart leben!

Wie Sie einmal waren

Die *Größe*, in der Sie sich wahrnehmen, spiegelt wider, wie Sie sich selbst im Verhältnis zu anderen Menschen einschät-

Wie Sie sich selbst einschätzen

zen: Haben Sie sich auf Ihrem Gemälde oder in der Meditationsübung größer gemacht, als Sie es in Wirklichkeit sind, weil Sie einen Menschen oder eine Situation beherrschen möchten? Überlegen Sie bitte, ob es nicht besser wäre, die Energie, die Sie darauf verwenden, zur Veränderung der belastenden Situation zu nutzen.

Wenn Sie sich »klein« gemacht haben, wäre es einige Überlegungen wert, herauszufinden, warum oder vor wem Sie sich unwillkürlich ducken: Probieren Sie aus, was geschieht, wenn Sie sich aufrichten und Ihre volle Größe zeigen.

Haben Sie sich *nackt* gesehen? – Kein Grund, sich zu schämen. Im Gegenteil: Sie sind in der Lage, den »nackten Tatsachen« über sich selbst ins Auge zu sehen! Wenn Sie sich selbst *teilweise bekleidet* haben, dann gibt es Seiten an Ihnen, die Sie lieber nicht so gerne anschauen.

Bewußt leben?

Betrachten Sie Ihr Selbstportrait noch einmal genau: Haben Sie sich *Augen und Ohren* gegeben? Wenn ja, so sind Sie bereit, zu hören und zu sehen und die Gegenwart zu erleben. Wenn an Ihrem Selbstbildnis Augen oder Ohren fehlen, kann es sein, daß es Dinge in Ihrem Leben gibt – aus Vergangenheit oder Gegenwart –, die Sie nicht sehen oder von denen Sie nichts hören wollen. Das mögen hilfreiche Selbstschutzmaßnahmen sein, aber bedenken Sie bitte, daß Ihnen dadurch auch viel Schönes entgehen kann.

Stehen Sie auf Ihrem Bild mit beiden Beinen auf dem Boden oder »hängen Sie in der Luft«? Die Art, wie Sie Ihre *Füße und Beine* gezeichnet haben, gibt Ihnen Auskunft über Ihr Verhältnis zu Ihren Gefühlen, dem »Boden« Ihrer Persönlichkeit.

»Erlauben« Sie sich Ihre Gefühle?

Auch die Darstellung der *Arme und Hände* sagt etwas über Ihr Gefühlsleben aus: Sind Arme und Hände, mit denen Sie Zärtlichkeit geben können, mit denen Sie sich aber auch Respekt verschaffen können – wenn Sie mit der Faust auf den Tisch schlagen –, deutlich gezeichnet und liebevoll ausgestaltet? Oder haben Sie sie weggelassen – weil emotionales Handeln Ihnen Schwierigkeiten bereitet?

Interessant, aber nicht ungewöhnlich ist es, wenn Sie sich nicht Ihrem heutigen *Alter* gemäß, sondern sehr viel jünger dargestellt haben. Die Erklärung ist, daß fast jeder von uns im Laufe seines Lebens Erlebnisse zu verarbeiten hat, die ihn

Sehnsucht nach »Leichtigkeit«

tief treffen und deshalb verändern. Während das Leben weitergeht, bleibt ein Teil von uns tief in unserem Inneren so zurück, wie wir vor dem Erlebnis waren: Die Erstgeborene, das einzige, über alles geliebte Kind (vor der Geburt der Geschwister), ein unbekümmertes Kind (vor dem ersten Schultag), ein fröhlicher, dünner Teenager (vor dem Eintritt in den Beruf), ein unternehmungslustiger junger Mann, der gern flirtet (vor der Ehe), eine schlanke, auf sich selbst bedachte Frau (vor dem ersten Kind).
Sollten Sie sich so oder so ähnlich gemalt haben, schütteln Sie nicht den Kopf über sich selbst, sondern überlegen Sie einmal, ob Ihre Sehnsucht, schlank zu werden, nicht damit zusammenhängt, daß Sie die Erinnerung an dieses einstmals unbekümmerte Dasein mit der Erinnerung an Ihren – damals – schlanken Körper verbinden?

Meditationsübung: Zuwendung

Entdecken Sie Ungenutztes

In der folgenden Meditationsübung können Sie dem begegnen, wie Sie einmal waren. Darüber hinaus ist die Übung eine gute Möglichkeit, mit den Seiten Ihrer Persönlichkeit in Kontakt zu treten, die sich aus irgendeinem Grund weigern, sich Ihrer Gesamtentwicklung anzupassen. Meist sind es die Seiten, die sich jedem »Ich muß«, »Ich soll« und »Ich will« verweigern und die sich deshalb ein großes Maß an Lebenskraft und Selbstwertgefühl erhalten haben.
Oft wurden gerade diese sehr persönlichen Wesenszüge durch die Erziehung unterdrückt. In der Meditationsübung können Sie diesem Teil des eigenen Selbst Wertschätzung und Liebe entgegenbringen: Liebe, einfach fürs »Da-Sein«, nicht für irgendeine Leistung!

Vorbereitung: Machen Sie es sich an Ihrem Ruheplatz (→ Seite 19) bequem, lesen Sie den folgenden Text aufmerksam durch, wie auf Seite 20 beschrieben. Entspannen Sie sich, und beginnen Sie mit der Meditationsübung.

Übung: Schließen Sie Ihre Augen, und gehen Sie an Ihren Erholungsort. Wenn Sie sich dort wohl fühlen, »zaubern« Sie sich zusätzlich so dorthin, wie Sie sich als Kind in Erinnerung haben. Gehen Sie dann gemeinsam zu Ihrer Quelle, waschen Sie sich gegenseitig ab, trinken Sie beide von dem Wasser, baden Sie gemeinsam, oder gehen Sie zu zweit spazieren. Sie können sich auch einfach nur in die Sonne setzen und sich miteinander unterhalten. Achten Sie einmal darauf, ob Sie einander Vertrauen entgegenbringen, ob Sie sich gegenseitig mögen und achten. Begegnen Sie dem Kind, das Sie einmal waren, nach Möglichkeit mit der Liebe und Wertschätzung, die Sie einer Freundin oder einem Freund entgegenbringen würden. Genießen Sie das Zusammensein, machen Sie ein Fest daraus!
Wollen Sie wissen, weshalb das Kind ein Kind geblieben ist? Dann fragen Sie es doch einfach nach dem Grund, und fragen Sie es, ob es Lust hat, älter zu werden. Bieten Sie ihm alle Unterstützung an, aber drängen Sie es nicht. Bedenken Sie bitte, daß dieses Kind in uns im Alltag meist stark unterdrückt worden ist und deshalb ein gesundes Maß an Mißtrauen besitzt. Erst wenn es überzeugt ist, daß Sie Ihre Zuwendung ernst meinen und wirklich bemüht sind, diesen Wesenszug zu leben, wird es eine Änderung seiner jetzigen Daseinsform zulassen. Bedanken Sie sich stets am Ende der Übung bei dem Kind dafür, daß es da war; und lassen Sie es dann in Liebe gehen.

Lieben Sie das Kind, das Sie waren

Beenden Sie die Übung, wie auf Seite 22 beschrieben.

Der dritte Fastentag

Reinigungsprozesse

Sie werden wahrscheinlich feststellen, daß Sie sich heute körperlich leichter fühlen als gewöhnlich, und vielleicht sind Sie auch innerlich wie von einer Last befreit, denn die Reinigungsprozesse – körperlich wie seelisch – haben begonnen. Doch Vorsicht: Bitte verwechseln Sie diese Leichtigkeit nicht mit Leistungsfähigkeit!
Was Sie heute tun sollten, um den Tag im Sinne einer richtig durchgeführten Fastenwoche zu gestalten, finden Sie auf Seite 26 im *Fahrplan durch die Fastenwoche,* Rezepte und Anleitungen → Seite 78.

Leistungsfähigkeit und Körpergefühl

Dauerleistungen sind möglich

Ihr Körper ist im Fasten im allgemeinen nicht leistungsfähiger als sonst, selbst wenn Sie ein für Sie ungewohnt leichtes Körpergefühl erleben sollten. Grundsätzlich gilt eher: Zu kurzfristiger Höchstleistung (Sprints) sind Sie jetzt nicht fähig. Dafür ist jedoch Ihre Dauerleistungsfähigkeit erhöht. Spaziergänge, Gymnastik, Schwimmen, Radfahren, aber auch Gartenarbeiten werden Ihnen mindestens so leichtfallen wie sonst.

Wenn Sie frieren

Hilfen

Während Sie fasten, frieren Sie rascher als gewohnt, und es kann sein, daß Sie auch am Abend nicht gleich einschlafen können, weil Ihnen kalt ist. Wenn Sie spüren, daß Sie frieren oder zu frösteln beginnen, wird Ihnen mit einer Tasse Tee, einer Wärmflasche oder einem ansteigenden Fußbad (→ Anleitungen für Anwendungen, Seite 83) schnell wieder warm.

Einschlafen

Es kann sein, daß Sie im Fasten schlechter einschlafen können als sonst. Wenn Ihnen zu viele Gedanken durch den Kopf gehen, so versuchen Sie einmal etwas für Sie vielleicht ganz

Ungewohntes: Stehen Sie wieder auf, nehmen Sie Schreibzeug zur Hand, und schreiben Sie alles auf, was Ihnen einfällt (Sie können das Schreibzeug natürlich auch mit ins Bett nehmen). Haben Sie keine Angst, daß Sie so um Ihren Schlaf kommen könnten: Im Fasten brauchen Sie mehr Ruhe, aber weniger Schlaf als sonst.

So helfen Sie sich selbst

Auch ein Buch kann Ihnen das Warten auf den Schlaf erleichtern.

Meditationsübung: Mein Körperbild

Im Laufe Ihres Lebens ist in Ihrem Unterbewußtsein ein Bild Ihres Körpers entstanden: Seine Ausmaße, seine Sensibilität, sein Gesundheitszustand – all das ist im Unterbewußtsein gespeichert und bestimmt das Bild, das wir von uns haben; deshalb ist es uns nur zum Teil oder gar nicht bewußt. Die heutige Meditationsübung ermöglicht es Ihnen, Ihr Körperbild unter dem emotionalen Gesichtspunkt zu erforschen und somit Ihrem Unterbewußtsein auf die Spur zu kommen.

Vorbereitung: Machen Sie es sich an Ihrem Ruheplatz (→ Seite 19) bequem, lesen Sie den folgenden Text aufmerksam durch, wie auf Seite 20 beschrieben. Entspannen Sie sich, und beginnen Sie mit der Meditationsübung.

Wie sehen Sie sich selbst?

Übung: Ziehen Sie sich an Ihren Erholungsort zurück. Nehmen Sie sich Zeit, Ihr Körperbild zu betrachten. Was gefällt Ihnen? – Was mögen Sie nicht so gerne? – Was lehnen Sie ab? Wenden Sie sich nun Ihren Wesenszügen zu: Empfinden Sie sich als besonders weiblich oder männlich? – Sind Sie eher ein »Kumpel«? – Sind Sie zart besaitet? – Stehen Sie mit beiden Beinen fest im Leben?
Was Ihnen auch ein- oder auffällt – registrieren Sie es einfach, werten Sie nicht!

Wie würden Sie gerne sein?

Versuchen Sie dann, ein Idealbild von sich selbst zu entwerfen. Was an Ihrem Körper würden Sie ändern? – Würden Sie auch Wesenszüge ändern? – Wenn ja, welche?

Betrachten Sie dieses Idealbild genau, werten Sie nichts, versuchen Sie aber, es mit Ihrem Körperbild zu vergleichen. Wenn es nichts mehr zu entdecken gibt, so bedanken Sie sich bei Ihrem Körperbild und bei Ihrem Idealbild.

Beenden Sie die Übung, wie auf Seite 22 beschrieben.

Die inneren Bilder – was sie bedeuten können

Wirklichkeit und Wunschbild

Bei vielen von uns unterscheidet sich das wirkliche Aussehen sehr von der Vorstellung davon, wie sie aussehen möchten – ein Widerspruch zwischen Realität und Ideal, der sehr belastend sein kann.

Ich selbst habe an mir festgestellt, wie sinnvoll es ist, den Ursachen dieses Widerspruchs auf den Grund zu gehen. Trotz so mancher Diätversuche nahm ich während der Pubertät zu. Die ganze Zeit über schwebte mir dabei ein Bild vor Augen: Ich sah mich selbst als eine wunderbar schlanke Frau, die aufreizende Kleider trug und der die Männer nachschauten. In Wirklichkeit trug ich wallende Kleider, weite Hosen, war der nette Kumpel, mit dem man Pferde stehlen konnte, und scheute den Kontakt mit Männern. Erst viele Jahre später geschah es in einer Fastenmeditation, daß ich erkannte, wie puppenhaft, arrogant und kalt diese Frau war, von der ich mir ein Bild gemacht hatte. Schlagartig wurde mir klar, daß mich in Wirklichkeit dieses »Traumbild« zutiefst erschreckte – es entpuppte sich als Alptraum, den ich schnellstens aufgeben mußte. Nach und nach wurde auch meine Beziehung zu Männern natürlich.

Der Traum: ein Alptraum?

Wenn auch Sie in der Meditationsübung festgestellt haben, daß zwischen Ihrem Körperbild und ihrem Idealbild große Unterschiede bestehen, kann es sein, daß auch Sie einen ähnlichen Traum mit sich herumtragen. Es ist gut möglich, daß dieser Traum Sie so beschwert, daß Sie ihn in Pfunden mit sich herumtragen.

Wenn Ihr Körperbild und Ihr Idealbild sich in den Wesenszügen nicht voneinander unterscheiden, sondern wenn Sie sich eigentlich mögen und nur gerne etwas lebenslustiger wären oder schicker gekleidet, haben Sie es leichter. Sagen Sie nicht länger: »Wenn ich schlank bin, dann kaufe ich mir ein Blumenkleid und gehe aus.« Kaufen Sie sich ein Blumenkleid und gehen Sie aus! Niemand wird über Sie lachen, es sei denn, Sie fürchten es so sehr, daß Sie förmlich darauf »warten«.

Leben Sie!

Vielleicht haben Sie sich gar nicht schlank gesehen – dann existiert in Ihnen keine »schlanke« Ausgabe Ihrer selbst. Wollen Sie wirklich abnehmen, oder geben Sie einer Forderung von außen nach? Die Existenz einer inneren schlanken Version von sich selbst ist die Voraussetzung dafür, wirklich schlank zu werden!

Meditationsübung: Die neue Erscheinung

Vorbereitung: Machen Sie es sich an Ihrem Ruheplatz (→ Seite 19) bequem, lesen Sie den folgenden Text aufmerksam durch, wie auf Seite 20 beschrieben. Entspannen Sie sich, und beginnen Sie mit der Meditationsübung.

Begegnung der Bilder, die Sie von sich haben

Übung: Bitten Sie Ihr Selbstbild und Ihr Idealbild zu sich an Ihren Erholungsort. Machen Sie es sich dort bequem, und lassen Sie die beiden Besucher miteinander reden: Jeder darf ausführlich zu Wort kommen und berichten, warum er so ist, wie er ist, warum er sein Aussehen gewählt hat und wie er mit dem Leben umgeht. Hören Sie zu, greifen Sie nicht ein!
Wenn die beiden sich nichts zu sagen haben oder wenn sie sich lange genug unterhalten haben und ihnen nun nichts mehr einfällt, dann begleiten Sie die beiden zur Quelle, wo sie baden können. Verabschieden Sie sich danach, und geben Sie ihnen einen Auftrag mit auf den Weg: die Bitte, nach einer Lösung für das Problem zu suchen, daß zwei Bilder Ihres Körpers in Ihnen existieren; Sie selbst bleiben zurück.

Beenden Sie die Übung, wie auf Seite 22 beschrieben.

Die Verschmelzung von Altem und Neuem

Sagen Sie sich bitte, daß diese beiden Bilder, die Sie von sich haben, in Ihnen leben. Jedes hat seine Vorzüge, beide arbeiten für Sie. Sie selbst aber sollten jetzt versuchen, eine Verschmelzung der beiden zuzulassen.

Das neue Bild

Übertragen Sie, was Ihnen gefallen hat, von dem einen Bild auf das andere. Je mehr Zeit Sie sich dabei lassen, desto stabiler und »lebensfähiger« wird Ihr neues »Bild«.

Der Trick mit dem Klebebild

Wenn Sie Ihr Körperbild ändern wollen, erleichtert Ihnen ein Klebebild, sich eine Vorstellung davon zu machen, wie Sie aussehen möchten.

Überlisten Sie Ihr Unterbewußtsein

Als Sie sich selbst gezeichnet haben, haben Sie das Selbstbild kennengelernt, das Ihr Unterbewußtsein von Ihnen geformt hat. Wenn Sie jetzt ein Klebebild von Ihrem zukünftigen Aussehen machen, kehren Sie diesen Mechanismus um. Sie veranlassen Ihr Unterbewußtsein, sich ein neues Bild von Ihnen zu machen.

Nehmen Sie ein Foto von sich, auf dem Sie Ihr Gesicht mögen, suchen Sie einen Körper, wie er Ihren Vorstellungen entspricht, aus einer Illustrierten aus. Kleben Sie nun aus Ihrem Kopf und Ihrem »Traumkörper« ein Klebebild, eine Collage, zusammen. Dabei sollten Sie drei wesentliche Punkte beachten:

- Das Foto sollte neu sein,
- Kopf und Körper müssen in den Proportionen zueinander passen,
- der »neue Körper« sollte in seinen Ausmaßen und seiner Bekleidung Ihrem Typ entsprechen. Wenn Sie sportlich sind, sollten Sie als Mann also keinen Nadelstreifenanzug wählen, als Frau kein Rüschenkleid.

Bleiben Sie Ihrem Typ treu

Fällt Ihnen bei der Collage auf, wie fremd das neue Erscheinungsbild ist? Lassen Sie es täglich auf sich einwirken. So wird es Ihnen vertraut und nach und nach vor Ihrem inneren Auge lebendig. Spielen Sie in Ihren Gedanken mit dieser schlanken Person mehrere Ihrer eigenen Lebenssituationen

Vertrauen Sie dem neuen Bild

durch, um sich ihrer sicherer zu werden. Lassen Sie sich Zeit, vertrauen Sie diesem neuen Bild, dieser neuen »Schöpfung« Ihrer selbst.

Zunehmen? – Abnehmen?

Für eine Gewichtsreduktion wird häufig das Wort »abnehmen« verwendet. Gehören Sie zu den Menschen, die mehr essen, sobald sie ans Abnehmen denken?

Dann sind Sie sicherlich in Ihrem ganzen Wesen darum bemüht, sich zu entfalten, Ihr Leben schöner zu gestalten, sich auszudehnen. Mit dem Wort »abnehmen« assoziieren Sie Einschränkung und Reduktion Ihrer selbst – und zwar auf allen Ebenen. Berücksichtigen Sie diese Ihnen wahrscheinlich bisher unbewußte Reaktion Ihres Wesens, streichen Sie das Wort »abnehmen« aus Ihrem Vokabular. Wenn Sie sich Gewichtsreduktion als »Verbesserung«, »Verschönerung« oder »Entfaltung« denken und dabei nicht »Einschränkung« assoziieren, wird es Ihnen leichter fallen, Ihr neues Körperbild zu verwirklichen.

Sich entfalten, schöner werden!

Berücksichtigen Sie diesen Wesenszug auch in Ihrem Erscheinungsbild: Sie wollen Platz einnehmen und an Kraft und Lebensfreude zunehmen – nicht abnehmen.

Der vierte Fastentag

Heute ist die Situation des Fastens für Sie schon fast »alltäglich«. Sollten Sie dennoch heute Hunger bekommen – was vor allem dann der Fall sein kann, wenn Sie schlank sind –, dann trinken Sie im Lauf des Tages ein Glas Buttermilch in kleinen Schlucken: Das wird Ihnen guttun.
Was Sie heute tun sollten, um den Tag im Sinne einer richtig durchgeführten Fastenwoche zu gestalten, finden Sie auf Seite 26 im *Fahrplan durch die Fastenwoche,* Rezepte und Anleitungen → Seite 78.

Fastenflaute

Gefühle zulassen

Vielleicht stellen Sie heute fest, daß sich Ihre Stimmung verändert: Aggression, Launenhaftigkeit oder Trauer machen Ihnen zu schaffen. Unterdrücken Sie diese Empfindungen nicht; beschäftigen Sie sich mit ihnen – es ist höchste Zeit!

Über die Harmonie der Gefühle

Alle Gefühle sind lebenswichtig

Kein Mensch ist immer ausgeglichen, auch die »negativen« Gefühle gehören zu uns: Trauer ist lebenswichtig – und ohne Aggressionen würde uns eine Lebenskraft fehlen. Wenn Sie Gefühle ständig in sich hineinfressen, kann es sein, daß Sie mit dem Essen genauso umgehen, und daß Sie deshalb manchmal alles in sich hineinessen, was Kühlschrank und Vorratslager zu bieten haben.
Sollten sich während des Fastens solche Gefühle unvorbereitet melden, können Sie sich auf einfache Weise helfen: Bewegung, Duschen, ein warmer Wickel, aber auch ein Schlaf können Sie wieder mit sich selbst versöhnen.

Meditationsübung: Ich mag mich

Das Prinzip der Meditationsübungen des dritten Fastentages war dem des ersten Fastentages ähnlich: Es ging darum, wahrzunehmen, was bisher war (Eßfantasie und Körperbild).

Wichtig und neu dabei war es, die mit dem Essen verbundenen Gefühlselemente kennenzulernen, Ihr altes Körperbild zu erkennen und es Ihrem Idealbild gegenüberzustellen.

Gegensätze einen, Neues finden

Ziel der Meditationsübungen war es dabei immer, einen Kontakt zwischen bisher Gegensätzlichem herzustellen: Bewußtes und Unbewußtes, Altes und Neues, Reales und Gewünschtes in Ihnen sollten einander begegnen, um gemeinsam und – sozusagen unter Ihrer Leitung – zu etwas Neuem zu werden, das mit allen Ihren Seiten in Einklang steht.

Das gewinnen Sie

Wenn sich Ihre Kräfte so in einem gemeinsamen Ziel treffen, werden Sie innerlich ausgeglichener; und Sie werden erleben, wie diese seelische Ausgeglichenheit sich mehr und mehr auch äußerlich ausdrückt: Ihre Bewegungen werden harmonisch, Ihr Rücken richtet sich auf, Ihr Körper strafft sich, und wahrscheinlich werden Sie »ganz von selbst« auch so schlank, wie Sie es sich in Ihrem Innersten vorstellen.

In der folgenden Übung zeige ich Ihnen einen Weg, mit Gefühlen so umzugehen, daß sie zugänglich werden – so wie durch liebevolle Zuwendung ein bockiges Kind ansprechbar wird.

»Alte« Gefühle können sich melden

<u>Vorbereitung:</u> Machen Sie es sich an Ihrem Ruheplatz (→ Seite 19) bequem, lesen Sie den folgenden Text aufmerksam durch, wie auf Seite 20 beschrieben. Entspannen Sie sich, und beginnen Sie mit der Meditationsübung. In dieser Übung erfahren Sie, ob Sie sich mögen oder nicht. Brechen Sie die Übung ab, wenn Bilder, Gedanken oder Empfindungen in der Meditation Sie verwirren. Suchen Sie Hilfe bei einem Fachmann, wenn Sie merken, daß Sie auf ein Problem gestoßen sind, das Sie belastet.

<u>Übung:</u> Ziehen Sie sich an Ihren Erholungsort zurück, gehen Sie dort zunächst ein wenig spazieren, baden Sie, oder trinken Sie vom Quellwasser.

Lassen Sie sich dann an einem ruhigen Plätzchen nieder (Sie können auch eine Bank, Stühle oder einen Sessel aufstellen). Wenn Sie dann bequem sitzen, »verdoppeln« Sie sich einfach einmal. Lassen Sie sich selbst als Ihren

Ihr Gespräch mit sich selbst

eigenen Gesprächspartner entstehen, und machen Sie es sich wie mit einem lieben Besuch gemeinsam gemütlich. Nun unterhalten Sie sich mit sich selbst. Erzählen Sie sich von Ihren Kümmernissen, von Ihren Sorgen, Ängsten, Wünschen, Hoffnungen und von Ihrem Alltag. Hören Sie sich selbst mit der Herzlichkeit, Wertschätzung und Toleranz zu, mit der Sie jedem lieben Gast begegnen würden. Seien Sie aber auch ehrlich! Wenn Sie Ihr Gegenüber als Konkurrenten, als Feind, als Bedrohung empfinden, dann tun Sie nicht so, als wäre alles in Ordnung: Streiten Sie sich zunächst ruhig – Sie werden den anderen in sich bald besser kennenlernen, und so kann in Ihnen ein wirklicher Friede entstehen.

Ehrlich sein

Nach diesem Gespräch sollten Sie gemeinsam etwas unternehmen: Gehen Sie baden oder spazieren, klettern Sie auf Bäume oder tanzen Sie.

Beenden Sie die Übung, wie auf Seite 22 beschrieben.

Das innere Erlebnis – was es bedeuten kann

So stehen Sie zu sich selbst

Wie haben Sie sich gefühlt, als Sie sich selbst begegnet sind? Haben Sie Ablehnung gespürt? – Standen Sie sich selbst kritisch gegenüber? – Haben Sie sich Vorwürfe gemacht? ... Oder mochten Sie sich, und haben Sie sich gefreut, sich selbst zu begegnen? Versuchen Sie, sich genau an Ihre Reaktion zu erinnern: So stehen Sie sich selbst gegenüber!
Die Art, wie Sie mit sich selbst umgehen, bestimmt die Art, in der andere mit Ihnen umgehen, weil Sie es so gewohnt sind – weil Sie es zulassen.

Über den Selbstwert

Viele von uns haben als Kinder erlebt, daß die Eltern ihre Wesenszüge abgelehnt haben – sie haben erlebt, daß sie in ein »Familienschema gepreßt« wurden, damit sie sich gut »handhaben« ließen. Die meisten von uns haben gelernt, etwas zu leisten (Karriere, Attraktivität, Zuverlässigkeit), um

geliebt zu werden. Doch das Kind in jedem von uns sehnt sich danach, allein dafür geliebt zu werden, daß es da ist – so, wie es nun einmal ist!
Sollten Sie ähnliches erlebt haben, machen Sie bitte Ihren Eltern keinen Vorwurf daraus. Es ist menschlich, den anderen zu »seinem Besten« formen zu wollen – Sie selbst tun es mit sich auch!
Versuchen Sie jetzt bitte nicht, bestimmte Seiten Ihres Wesens auf Kosten anderer Menschen auszuleben; ein solcher Versuch wäre Beweis dafür, daß Sie eben nicht in Harmonie mit sich selbst leben. Sie haben vielmehr die Möglichkeit, alle Teile Ihres Selbst – die »guten« wie die »schlechten« – zu einem ausgewogenen, lebensfähigen Ganzen zusammenzufügen. Sehen Sie diese Möglichkeit als Aufgabe!

Nutzen Sie Ihre Chance

Daß dieses Zusammenfügen, diese Integration, wünschenswert ist und »funktionieren« kann, zeigt Ihnen vielleicht das folgende Beispiel: Solange Sie sich über einen Wesenszug Ihres Partners ärgern und an ihm herumnörgeln, wird es immer wieder um diesen Punkt Streit geben. Denn um seines Selbstwertes willen muß Ihr Partner seine Eigenschaft verteidigen und beibehalten. Probieren Sie es einmal anders: Sobald Sie diesen Zug akzeptieren, wird er vermutlich verschwinden, oder aber Sie werden in der Lage sein, ruhig, souverän und liebevoll zu reagieren. Wichtig dabei ist, daß Sie diesen Wesenszug tatsächlich akzeptieren und nicht nur so tun, als ob.

Probieren Sie es aus

Dieses Prinzip wirkt, bei sich selbst angewandt, noch viel besser. Je mehr Sie lernen, sich so zu akzeptieren, wie Sie jetzt sind, desto einfacher werden Sie es mit sich haben, und desto unbeschwerter werden Sie sein – innerlich und äußerlich.

Sie werden gelassener

Meditationsübung: Ich bin wertvoll und liebenswert

Die folgende Meditationsübung bietet Ihnen die Möglichkeit zu spüren, wie wertvoll Sie sind, und Sie können lernen, sich selbst zu lieben und zu schätzen.

Vorbereitung: Machen Sie es sich an Ihrem Ruheplatz (→ Seite 19) bequem, lesen Sie den folgenden Text aufmerksam durch, wie auf Seite 20 beschrieben. Entspannen Sie sich, und beginnen Sie mit der Meditationsübung.

Versuchen Sie, sich selbst zu lieben

Übung: Bevor Sie die Übung beginnen, machen Sie sich bewußt, daß Sie sich jetzt selbst in Liebe begegnen werden... Nehmen Sie die Bereitschaft dazu mit in die Meditationsübung. Ziehen Sie sich dann an Ihren Erholungsort zurück, und »verdoppeln« Sie sich noch einmal. Versuchen Sie zu spüren, daß Ihnen vor Freude ganz warm ums Herz wird, weil Sie jemandem begegnen, den Sie lieben und schätzen. Lassen Sie sich Zeit, diese Gefühle zu spüren. Geben Sie nicht auf, auch wenn es Ihnen am Anfang nicht gleich gelingt, sich selbst positive Gefühle entgegenzubringen. Wenn Sie spüren, wie gern Sie einander haben, umarmen Sie einander, und besprechen Sie eine Möglichkeit, in Zukunft zusammenzuwirken. Wenn Ihnen das nicht möglich ist, so bitten Sie einfach Ihren Gesprächspartner, gemeinsam mit Ihnen eine Lösung zu finden. Bedanken Sie sich danach für das Gespräch.

Beenden Sie die Übung, wie auf Seite 22 beschrieben. Machen Sie sich keine weiteren Gedanken – der »Appell an beide Seiten« wird seine Wirkung tun, es werden Ihnen ganz von selbst Lösungen einfallen.

Warum esse ich eigentlich soviel?

Sie wissen jetzt mehr über sich

Wenn Sie in der Meditationsübung mit der Seite in sich Bekanntschaft gemacht oder sogar Freundschaft geschlossen haben, die zuviel ißt, dann wissen Sie jetzt ein bißchen mehr darüber, warum Sie so essen, wie Sie essen: aus Angst vor begehrlichen Männerblicken, aus lauter Sehnsucht nach den gemeinsamen Mahlzeiten im Elternhaus, in Erinnerung an einen wunderschönen Urlaub oder weil Sie wirklich groß und stark werden wollten, wie es Ihre Eltern immer gewünscht haben. Wenn Sie diese Seite in sich verstehen und akzeptieren, können Sie Ihr Übergewicht verlieren: Sie werden ausgeglichener – und Ihr Körper wird ausgeglichener. Doch das braucht seine Zeit!

Sie werden sicher auch wieder »undisziplinierte Eßphasen« durchmachen (essen Sie mit Vergnügen! – Sie werden sehen, es ist schneller vorüber). Solche Momente können aber gefährlich sein – dann nämlich, wenn Sie dafür kritisiert werden, daß Sie undiszipliniert sind. Im schlimmsten Fall geraten Sie wieder in einen Teufelskreis. Sie nehmen die Kritik an (weil ein Teil von Ihnen Ihrer neuen Entwicklung nicht traut und sich undiszipliniert findet), »verdammen« Ihre übergewichtige Seite und setzen wieder Ihre volle Kraft ein, um sie zu »disziplinieren«. Doch schon nach wenigen Tagen bricht die Seite von Ihnen, die Sie nicht annehmen konnten, mit Macht hervor, und Sie essen wieder wie früher, nämlich zuviel, mit schlechtem Gewissen und dem festen Vorsatz: »Das ist jetzt der letzte Happen.«

Sich Schritt für Schritt ändern!

Wie würde die bessere Lösung aussehen? Wenden Sie sich nach der Kritik, Sie seien undiszipliniert, an Ihre innere übergewichtige Bedürfnisseite und führen Sie mit ihr etwa folgendes Gespräch: »Komm, laß dich von diesem Menschen nicht verletzen. Ich weiß, daß du nicht undiszipliniert bist, sondern nur zu wenig von mir beachtet wirst. Bisher war es deine einzige Möglichkeit, dich zur Wehr zu setzen. Andererseits würde ich gerne weniger essen und schlank sein. Bitte unterstütze mich dabei. Teile mir deine wirklichen Bedürfnisse deutlich mit. Ich werde mich bemühen, sie zu berücksichtigen. Es wird vielleicht nicht sofort klappen, aber mit ein bißchen Übung werden wir ein erfolgreiches Gespann; selbst wenn wir dann noch einige Male stolpern – wir sind wertvoll. Wir brauchen eine solche Kritik von einem anderen Menschen nicht anzunehmen.«

Wehren Sie sich gegen Kritik

Je häufiger Sie der Kritik an Ihren Schwachpunkten auf diese Weise begegnen, desto schneller werden Sie mit Ihrer anderen Seite in Harmonie kommen, um mit ihr gemeinsam neue Wege zu mehr Selbstachtung und Eigenliebe zu finden.

Der fünfte Fastentag

Noch 24 Stunden, und Sie haben ein für Sie sehr wichtiges Ziel erreicht! Denken Sie heute nicht ans Essen, grübeln Sie auch nicht über Ihren Gewichtsverlust nach: Was Sie in den vergangenen Tagen an sich selbst entdeckt haben, ist viel wichtiger als die Frage, ob Sie ein Pfund mehr oder ein Pfund weniger abgenommen haben.

Erfolg nicht in Pfunden messen

Was Sie heute tun sollten, um den Tag im Sinne einer richtig durchgeführten Fastenwoche zu gestalten, finden Sie auf Seite 26 im *Fahrplan durch die Fastenwoche,* Rezepte und Anleitungen → Seite 78.

Weiterfasten?

Wenn Sie sich heute gesund und »fit« fühlen und glauben, daß Ihr Körper noch genügend Vorrat in seiner Speisekammer hat, besteht kein Grund, das Fasten zu beenden.

Fasten Sie weiter, aber wenden Sie sich bei Bedarf an einen fastenerfahrenen Arzt: Vielleicht benötigen Sie Vitamin- oder Mineralstoffgaben.

Einen fasten-erfahrenen Arzt fragen!

Meditationsübung: Strahlen Sie!

Mit Hilfe der Meditationsübung konnten Sie in den letzten Tagen viel »Ballast abwerfen« und sich seelisch und geistig regenerieren. Sie haben viel in sich verändert – ein Grund, froh zu sein und zu »strahlen«. Ich möchte Sie deshalb in der folgenden Meditationsübung mit der Vorstellung von Licht in Ihrem Inneren vertraut machen – einem Licht, das Sie in sich selbst tragen und das Sie, soweit Sie es wollen, aus sich herausstrahlen lassen können.

Zeigen Sie, daß Sie sich freuen

Etwas oberhalb des Bauchnabels liegt das Sonnengeflecht (Solarplexus), das seelische Energiezentrum. Legen Sie während der Übung eine Hand auf diesen Bereich, konzentrieren Sie sich auf dieses Energiezentrum. Sie werden spüren, wie die Wärme der Hand Ihnen hilft, sich die Wärme und das Licht der Energiequelle vorzustellen.

Vorbereitung: Machen Sie es sich an Ihrem Ruheplatz (→ Seite 19) bequem, lesen Sie den folgenden Text aufmerksam durch, wie auf Seite 20 beschrieben. Entspannen Sie sich, und beginnen Sie mit der Meditationsübung.

Entdecken Sie »die Sonne« in sich

Übung: Konzentrieren Sie sich auf Ihr Sonnengeflecht. Stellen Sie sich vor, daß dort eine Sonne scheint, die immer stärker strahlt. Stellen Sie sich vor, wie diese Sonne ihre Strahlen bis in Ihre Zehen schickt, fühlen Sie, wie Ihr ganzer Unterkörper dabei erwärmt wird.
Nun wandert das Licht in den Oberkörper, wandert bis in die Fingerspitzen und füllt schließlich Ihren ganzen Kopf mit Licht. Wenn Ihnen die Vorstellung gefällt, so lassen Sie »Ihre Sonne« über den Körper hinausstrahlen. Genießen Sie die Wirkung des Lichts in der Intensität, die Ihnen entspricht. Bleiben Sie so lange in der Meditation, wie Sie es wünschen.
Nehmen Sie dann das Licht Schritt für Schritt zurück, bis die Sonne wieder im Sonnengeflecht ist, und lösen Sie sie dann auf.

Beenden Sie die Übung, wie auf Seite 22 beschrieben.

Selbstheilungskräfte stärken

Licht – eine heilende Energie

Diese Meditation stärkt die Selbstheilungskräfte der Seele und des Körpers. Wenn das Licht nicht Ihren ganzen Körper durchströmen konnte, seien Sie nicht irritiert: Kranke Körperteile oder Körperbereiche, die Sie bislang abgelehnt haben, sind in der Meditation nicht »lichtdurchlässig«. Lassen Sie sich Zeit, wiederholen Sie die Übung ab und zu. Von Mal zu Mal wird mehr Licht durch Ihren Körper fließen, das Wohlbefinden wird sich steigern.
Eine Abwandlung dieser Übung ist die Herzmeditation: Dabei ist das Herz die Quelle der Sonnenstrahlen, die durch den Körper und darüber hinaus leuchten können. Die Kraft dieser Übung kann alte Wunden der Seele heilen, sie kann ganz behutsam Mauern auflösen, die Sie nach seelischen Verletzungen um sich herum aufgebaut haben und die Sie nun nicht

mehr brauchen. Lassen Sie die Wärme Ihres Herzens in jeden Winkel Ihres Körpers gelangen. Freuen Sie sich über die Liebe, die durch Sie hindurchfließt.

Meditationsübung: Farben wählen

Wenn die Lichtmeditation Ihnen gefallen hat, sollten Sie versuchen, mehr »Farbe in Ihr Leben zu bringen«, denn jeder Lichtstrahl besteht aus den Farben des Regenbogens – und Licht ist Energie. Nutzen Sie die Farbkraft des Lichts in Ihrem Alltag.

Vorbereitung: Machen Sie es sich an Ihrem Ruheplatz (→ Seite 19) bequem, lesen Sie den folgenden Text aufmerksam durch, wie auf Seite 20 beschrieben. Entspannen Sie sich, und beginnen Sie mit der Meditationsübung.

Licht ist Farbe

Übung: Ziehen Sie sich an Ihren Erholungsort zurück, machen Sie einen kleinen Spaziergang. Stellen Sie sich vor, daß ein Farbstrahl auf Sie herunterfließt, zum Beispiel aus dem All. Lassen Sie die Farbe, die spontan erscheint, Ihren Körper vom Scheitel bis zu den Füßen anfüllen und umhüllen – so lange, bis Sie das Gefühl haben, daß es Ihnen genügt.

Beenden Sie die Übung, wie auf Seite 22 beschrieben.

Die inneren Bilder – was sie bedeuten können

»Ihre« Farbe hilft Ihnen

Je nach Lebenssituation haben Sie Ihre Farbe gewählt, abhängig von der Kraft, die Sie brauchen. *Rosa*, das die reine Liebe symbolisiert, gibt uns Kraft, seelische Verletzungen zu überwinden. *Blau* stärkt unsere Seelenkräfte. *Orange* schenkt uns innere Spannkraft, *Gelb* belebt unseren Verstand. *Rot* signalisiert Lebenskraft und Lebensfreude. Nehmen Sie stets die Farbe, die spontan vor Ihrem inneren Auge erscheint. Vertrauen Sie Ihrer Seele, sie weiß sehr genau, welche Kraft Sie gerade am nötigsten brauchen!

Der erste Aufbautag

Leichte Nahrung

Heute dürfen Sie einkaufen! Werden Sie aber nicht schwach. Sie berauben sich sonst der Möglichkeit, in Einklang mit Ihrem Körper zu essen, der sich jetzt nicht nach Ihrer Lieblingsspeise sehnt, sondern nach leichter Nahrung, wie ich sie Ihnen in der Einkaufsliste für die Aufbautage auf Seite 76 zusammengestellt habe.

Was Sie heute tun sollten, um den Tag im Sinne einer richtig durchgeführten Fastenwoche zu gestalten, finden Sie auf Seite 26 im *Fahrplan durch die Fastenwoche,* Rezepte und Anleitungen → Seite 78.

Finden Sie neue Maßstäbe im Essen

Achten Sie auf die Signale Ihres Körpers

Wichtig: Nach den Fastentagen ist der Körper nicht auf ein Menü eingerichtet. Er braucht einfache, natürliche Nahrung – und wenig! Wenn Sie auf die Signale Ihres Körpers hören, werden Sie jetzt im Essen neue Maßstäbe finden: Nehmen Sie sich, insbesondere an den Aufbautagen, zum Essen viel Zeit. Nehmen Sie die Nahrung und Ihr Körperempfinden während des Essens bewußt wahr.

- Kauen Sie gründlich, jeden Bissen etwa 35mal, um dem Darm die Verdauungsarbeit zu erleichtern.
- Achten Sie darauf, wann Sie satt sind!!!
- Sie müssen die vorgegebenen Mahlzeiten nicht aufessen. Richten Sie sich nach den Signalen Ihres Körpers.

Zur weiteren Vertiefung dieser Gedanken → GU Ratgeber »Richtig essen nach dem Fasten«, Seite 84.

Der Körper stellt sich um

Der Körper hat während des Fastens die Produktion der *Verdauungssäfte* nahezu eingestellt. Jetzt muß er sie erst nach und nach wieder aufnehmen. Jeder Bissen zuviel bleibt lange unverdaut in Magen oder Darm liegen und belastet dadurch

Der Kreislauf muß wieder mehr arbeiten

den Kreislauf. Selbst wenn Sie die Aufbautage korrekt nach den Anweisungen dieses Buches ausführen, können Sie sich matt fühlen, denn der Körper benötigt nun wieder ein Drittel der Kreislaufarbeit allein für die Verdauung: Es kann sein, daß Sie diese Umstellung als kurzdauernden Energiemangel spüren. Wenn Sie sich in den kommenden zwei, drei Tagen matt fühlen, legen Sie sich hin; dann kann das Blut leichter durch den Körper zirkulieren.

Auch der *Wasserhaushalt* Ihres Organismus muß sich erst wieder einpendeln. Während er im Fasten viel Flüssigkeit ausscheiden konnte, hält er ab heute für die Verdauungssäfte und zur Befeuchtung der Schleimhäute etwa 1 Liter Wasser zurück.

Unterstützung für den Darm

Die erste spontane *Darmentleerung* wird in der Regel am zweiten Aufbautag erfolgen. Wenn Sie vor dem Fasten regelmäßig Abführmitttel eingenommen haben, dann müssen Sie jetzt geduldig sein: Ihr Darm muß erst wieder »lernen«, seine Aufgabe selbständig zu erfüllen. (Zur Unterstützung der Darmtätigkeit: zwei Teelöffel Leinsamen zu jeder Mahlzeit über das Essen gestreut oder natur genommen.)

Sollte am dritten Tag noch keine Darmentleerung erfolgt sein, dann machen Sie einen Einlauf von 1 Liter Wasser.

Wenn *Blähungen* auftreten, müssen Sie noch langsamer essen und noch intensiver kauen als bisher. Außerdem können Sie sich mit einem Leberwickel oder einer Prießnitz-Leibauflage (→ Anleitungen für Anwendungen, Seite 83) helfen. Auch Fenchel-, Kümmel- oder »Vierwindetee« aus der Apotheke (3 Tassen täglich) hilft.

Beachten Sie bitte: Durch das Fasten sind Sie nicht nur in Ihren Gefühlen, sondern auch in Ihrem Geschmacksempfinden sensibilisiert – Sie benötigen weniger Salz oder Gewürze als üblich.

Fastenbrechen – ein Ereignis

Die erste Mahlzeit, die Sie nach dem Fasten zu sich nehmen, ist ein Ereignis – freuen Sie sich darauf!

Der erste Apfel – ein Ereignis

Wählen Sie den Apfel, den Sie essen werden, mit Bedacht aus, und nehmen Sie sich Zeit, ihn von allen Seiten zu betrachten. Sie können ihn roh essen, oder Sie dünsten ihn in wenig Wasser und genießen ihn als warme Mahlzeit.

Essen Sie mit Genuß

Essen Sie dann ganz in Ruhe soviel Sie mögen: Sie werden erstaunt sein, wie schnell Sie satt sind – vielleicht »schaffen« Sie Ihren Apfel gar nicht auf einmal!

Schmecken Sie jedem Bissen aufmerksam und konzentriert nach. Möglicherweise sind Sie überrascht, wieviel Geschmack in einem Apfel steckt und wieviel Wärme, Energie und Kraft er Ihnen zu geben vermag.

Wenn Sie den Apfel gedünstet haben, sollten Sie versuchen zu spüren, wie sich die Wärme langsam in Ihrem Magen ausbreitet und wie angenehm dieses Gefühl ist.

Legen Sie sich nach dieser ersten Mahlzeit ruhig eine Weile hin, und genießen Sie es, einen wohl gefüllten Bauch zu haben.

Über die Kraft der Gedanken

Kreisen Ihre Gedanken ums Essen?

Nachdem Sie sich fünf Tage lang intensiv mit Ihren Gefühlen und Gewohnheiten auseinandergesetzt und gefastet haben, beginnt heute wieder der Kontakt mit dem Essen; für viele heißt das sicher, daß auch die Gedanken wieder ums Essen und um die Nahrung kreisen werden.

In den Meditationsübungen haben Sie die Kraft Ihrer Gedanken gespürt und erlebt, wie Ihre Vorstellungswelt Ihr Seelenleben, aber auch Ihren Körper beeinflußt. Nutzen Sie diese Energien für einen besseren Umgang mit dem Essen!

»Der Glaube kann Berge versetzen«

Daß Gedanken und innere Vorstellungen die Realität zu beeinflussen vermögen, ist kein Ammenmärchen. Denken Sie einmal an Familien, in denen die Eltern ständig ängstlich um die Gesundheit ihrer Kinder besorgt sind: Fast immer sind diese Kinder oft krank oder fallen häufig so hin, daß sie sich dabei verletzen. Diese »Tatsachen« scheinen die Angst der Eltern zu rechtfertigen, die ihre Kinder nun mit wachsender Besorgnis behüten und beschützen: Die Angst schafft innere Bilder, die eine Eigendynamik entwickeln. Diesen Mechanismus der »sich selbst erfüllenden Prophezeiung« nimmt das Kind mit in sein Erwachsenendasein. Gehen Sie einmal in Ihrer Erinnerung die Verhaltensweisen in Ihrem Elternhaus durch, und fragen Sie sich, ob es da Mechanismen gab, die bei Ihnen eine verkrampfte oder ängstliche Einstellung dem Essen gegenüber geschaffen haben können: Wie haben Ihre Eltern (oder andere Ihnen wichtige Menschen) über Nahrung gedacht? – Hat Ihre Mutter oder Ihr Vater Angst gehabt, dick zu werden? – Haben sie deshalb Diäten gemacht oder auf Kuchen verzichtet? – Wurden bestimmte Speisen nicht gekocht, weil sie »krank« machen?

Überdenken Sie Ihre Einstellung

Überprüfen Sie einmal, wieviel Sie davon übernommen haben. *Schreiben Sie alles auf, was Ihnen einfällt.*

Trennen Sie sich von »Traditionen«

Meditationsübung: Jedes Nahrungsmittel – ein Lebens-Mittel

Vorbereitung: Machen Sie es sich an Ihrem Ruheplatz (→ Seite 19) bequem, lesen Sie den folgenden Text aufmerksam durch, wie auf Seite 20 beschrieben. Entspannen Sie sich, und beginnen Sie mit der Meditationsübung.

So überwinden Sie alte Ängste

Übung: Denken Sie an das Lebensmittel oder das Gericht, das Ihnen besonders »schädlich« oder »dick machend« zu sein scheint. Stellen Sie es sich genau vor, und lassen Sie es auf sich wirken. Versuchen Sie, sich darüber klar zu werden, daß es in Wirklichkeit Ihren Körper stärkt und Ihnen Kraft zum Leben gibt. Versuchen Sie, sich in diesem Gedanken- und Bilderspiel alle Lebensmittel vorzustellen, die Sie kennen, und denken Sie in dieser neuen, freundlichen Weise über sie nach.

Beenden Sie die Übung, wie auf Seite 22 beschrieben. Wiederholen Sie diese Übung immer wieder, bis Sie das Gefühl haben, daß Sie die Wertschätzung der Nahrung zutiefst angenommen haben.

Die inneren Bilder – was sie bewirken können

Lebens-Mittel: Kraft zum Leben

Je häufiger Sie Ihrer Nahrung positiv begegnen, desto leichter wird es Ihnen fallen, Vertrauen zu ihr zu entwickeln, und desto positiver wird sich das, was Sie essen, auf Ihre Gesundheit, Ihren Körper – und Ihre Figur – auswirken.

Vollwertkost – die gute Nahrung

Essen Sie das Richtige

Machen Sie nach dem Fasten einen Versuch, Ihre Nahrung natürlicher und gesünder im Sinne der Vollwertkost zu gestalten. Sie wird Ihr Wohlbefinden fördern und Sie in ausreichendem Maß mit Nährstoffen, Vitaminen und Mineralien versorgen. Sie wissen dann genau, daß Sie »gute« Nahrung zu sich nehmen, und es fällt Ihnen leichter, an die gesundheitsfördernde und lebenserhaltende Kraft Ihrer Nahrung zu glauben. Einen Vorschlag zur Nahrungsmittelumstellung nach dem Fasten finden Sie in dem GU Ratgeber *»Richtig essen nach dem Fasten«* → Seite 85.

Essen im Einklang mit sich selbst

Beantworten Sie sich bitte einmal ganz ehrlich die Frage: »Was ist meine Lieblingsspeise?«
Sicher fallen Ihnen jetzt Spaghetti, Schweinebraten mit Knödeln, österreichische Mehlspeisen oder der Erbseneintopf ein – aber gleichzeitig meldet sich vermutlich auch das schlechte Gewissen ...
Bitte machen Sie sich einmal klar, wie vielfältig die Zwänge sind, die Sie mit dem Essen verbinden; welches »Wenn und Aber« und wieviel schlechtes Gewissen Sie hindert, das zu essen, was Sie essen wollen, und es zu genießen.

Sie wissen genau, was Ihnen guttut!

Doch wenn Sie wirklich schlank werden und schlank bleiben wollen, ist es grundlegend wichtig, daß Sie sich bewußt machen: Wie Sie im Fasten erlebt haben, können Sie sich selbst vertrauen. Ihr Körper und Ihre Seele wissen genau, was Sie gesund und lebenstüchtig erhält. Vertrauen Sie darauf, daß Sie von ihnen Signale bekommen, die Ihnen mitteilen, welche »Lebens-Mittel« Sie jetzt brauchen.
Es ist ganz einfach, diese Signale aufzufangen. Fragen Sie sich vor jedem Essen: »Welches Essen ist jetzt genau richtig für mich«? Warten Sie, bis Sie klar vor Augen haben, was es sein soll, genießen Sie das Essen, und Sie werden erstaunt sein, wie wenig Sie davon essen und wie rasch Sie angenehm satt sind!

»Gesegnete Mahlzeit«

Doch nicht nur das, *was* Sie essen, sondern auch, *wie* Sie essen, ist von großer Bedeutung. Wesentlich ist, daß Sie sich zum Essen Zeit nehmen, wichtiger aber ist, daß Sie die Gedanken sammeln und aufs Essen richten. Denken Sie nicht an geschäftliche Probleme, grübeln Sie nicht über Ihre Sorgen nach, während Sie essen.

Der Nahrung »Achtung« erweisen

In früheren Zeiten gab es den Brauch, vor dem Essen zu beten und die Nahrung zu segnen: Die Gedanken wurden dabei auf die Situation bei Tisch und auf die Mahlzeit gerichtet. Mit dem Segnen der Nahrung brachte man ihr Achtung entgegen – natürlich nur, wenn das Gebet kein automatisches Aufsagen irgendwelcher Worte war, sondern ein bewußtes Geschehen. Wenn Sie beten können, kann dieses bewußte Tun alles, was Sie essen, verbessern.
Wenn Sie das Gebet ablehnen, können Sie, am Tisch sitzend – mit geschlossenen oder offenen Augen –, Ihren inneren »Erholungsort« aufsuchen. Wenn Sie sich entspannt haben und die innere Landschaft sich aufgelöst hat, können Sie sich vorstellen, wie ein Lichtstrahl auf Ihr Essen fällt und es mit positiver Energie füllt. Manchem fällt es leicht, die Hände über das Essen zu heben und sich dabei vorzustellen, daß Wärme oder Licht von den Händen aufs Essen hinabstrahlt. Das kann ganz unauffällig geschehen, wenn Sie die Ellenbogen auf der Tischkante aufstellen, die Hände übereinanderle-

gen – mit der Handfläche nach unten, wie man es häufig macht, wenn man über etwas nachdenkt.

Mit Freude essen

Gerade in der Zeit des Fastenbrechens können Sie so üben, Ihre Nahrung mit Licht zu erfüllen und das Essen mit Freude zu genießen. Wenn Sie ein wenig Übung darin haben, können Sie leicht und schnell Kontakt zu Ihrem Essen aufnehmen, und Sie werden sehen, wie gut es Ihnen bekommt.

Wenn Sie mit Menschen am Tisch sitzen, die deprimiert sind, oder wenn die Stimmung angespannt ist, sollten Sie so wenig wie möglich essen, denn Sie nehmen die Stimmung mit dem Essen in sich auf: Essen Sie lieber später allein und in guter Stimmung. Dann wird das Essen Ihnen sicher besser bekommen.

Der zweite Aufbautag

Hilfe für den Alltag

Heute ist der letzte Tag Ihrer Fastenwoche. Ab morgen werden Sie vermutlich nur noch selten die Gelegenheit haben, sich intensiv damit zu beschäftigen, wie es Ihnen geht. Nutzen Sie deshalb den heutigen Tag, um die Übung »Herzenskräfte« kennenzulernen, die Ihnen die Chance bietet, auch in der Hektik und in der Routine des täglichen Lebens immer wieder einmal zu sich selbst zurückzukehren, um neue Kraft zu sammeln. Was Sie heute tun sollten, um den Tag im Sinne einer richtig durchgeführten Fastenwoche zu gestalten, finden Sie auf Seite 26 im *Fahrplan durch die Fastenwoche,* Rezepte und Anleitungen → Seite 78.

Ihr Körper – eine »Last«?

Wenn Sie sich auch heute noch leicht und beschwingt fühlen, dann freuen Sie sich über Ihre gesteigerte Lebensfreude und den Zugewinn an Lebenskraft.
Am zweiten Tag nach dem Fasten kann es nämlich auch sein, daß Sie Ihren Körper bereits wieder wie eine Last spüren: Alte Krankheiten können aufflackern, oder vielleicht fühlen Sie sich auch einfach nicht so fit wie bisher.
Diese Reaktion ist völlig normal: Im Fasten verliert die körperliche Wahrnehmung an Gewicht, und die Aufmerksamkeit des Fastenden wendet sich verstärkt seinem seelisch-geistigen Erleben zu.
Wenn nun vom zweiten Aufbautag an der Körper und seine Bedürfnisse wieder stärker in den Vordergrund rücken, kann es sein, daß Sie Ihren Körper als Last empfinden. Lassen Sie sich Zeit, sich wieder an Ihr Körpergefühl zu gewöhnen, denn im Fasten sind Sie schlanker geworden, und die »Last« ist nicht mehr so drückend wie zuvor. Freuen Sie sich darüber.

Freuen Sie sich, daß Sie jetzt schlanker sind

Meditationsübung: Herzenskräfte

Im Fasten haben Sie nicht nur Ihren Körper von überflüssigen Pfunden befreit – Sie haben sich auch von Ihren gewohnten Gefühlsbindungen etwas distanziert. Möglicherweise denken

Sie über einiges in Ihrem Leben jetzt anders als zuvor – wahrscheinlich haben Sie auch zu sich selbst eine freundlichere Einstellung gewonnen.

Nutzen Sie Ihre Kraft

Wenn Sie die Meditation als hilfreich erlebt haben, wenn Sie in den Meditationen die verändernde Kraft Ihres Geistes und Ihrer Seele erfahren haben, so haben Sie gespürt, wieviel im Leben an Ihrer Einstellung zu den Dingen liegt. Wie wir die Realität erleben, und ob wir alles im Leben als unveränderlich ansehen und daran leiden, oder ob wir bereit sind, unsere Kräfte für eine Veränderung einzusetzen, von der wir uns eine Verbesserung unserer Lebenssituation erwarten – das liegt in unserer Hand.
Die folgende Meditationsübung ermöglicht es Ihnen, jederzeit mit Ihren Herzenskräften in Kontakt zu treten und sie für sich selbst zu nutzen.

<u>Vorbereitung:</u> Machen Sie es sich an Ihrem Ruheplatz (→ Seite 19) bequem, lesen Sie den folgenden Text aufmerksam durch, wie auf Seite 20 beschrieben. Entspannen Sie sich, und beginnen Sie mit der Meditationsübung.
In dieser Übung erfahren Sie, wie es um Ihre Beziehung zu anderen Menschen und um Ihre Erwartung an den Partner steht.
Brechen Sie die Übung ab, wenn Bilder, Gedanken oder Empfindungen in der Meditation Sie verwirren. Suchen Sie Hilfe bei einem Fachmann, wenn Sie merken, daß Sie auf ein Problem gestoßen sind, das Sie belastet.

<u>Übung:</u> Ziehen Sie sich an Ihren Erholungsort zurück. Genießen Sie die Sonne, und erfrischen Sie sich an Ihrer Quelle.

Ihr Herz ist Ihr Zuhause

Lassen Sie nun – so groß, daß Sie mit Leichtigkeit hineingehen können – Ihr Herz auf der Wiese erscheinen. Überlegen Sie nicht lange, wie es aussehen könnte, sondern nehmen Sie die Form an, die Ihnen spontan erscheint, und gehen Sie hinein.
Betrachten Sie Ihr Herz innen in allen Einzelheiten. Welche Form hat es? – Welche Farbe? – Wie sind die Wände beschaffen und wie der Boden?

Ist das Herz dunkel, oder ist es hell? – Wie ist es eingerichtet? Ist Ihnen dieser Ort angenehm, ist er etwas ungemütlich oder fremd?
Verändern Sie den Raum nach Ihrem Geschmack, richten Sie ihn auf Ihre Bedürfnisse ein. Wenn Sie sich zu Hause fühlen, dann schauen Sie nach, ob Sie in Ihrem Herzen eine Lichtquelle finden, eine Kerze oder ein Feuer. Bringen Sie dieses Licht in die Mitte des Raumes, lassen Sie es groß und warm werden, bis Ihnen wohlig warm ist.
Dringt von außen Licht in Ihr Herz? Sehen Sie sich zum Abschluß um. Sind Sie allein, oder haben Sie Gäste? – Fragen Sie die anderen Menschen, weshalb sie da sind, was sie wollen, und verabschieden Sie sie dann. Sollte es schwierig für Sie sein, sie gehen zu lassen, können Sie den Kontakt auf einfache Weise herstellen: Sobald jemand Ihr Herz verlassen hat, senden Sie einen intensiven Lichtstrahl zu ihm. Auf diese Weise können Sie den Kontakt zu allen halten, die nun außerhalb Ihres Herzens wohnen.

Machen Sie es sich gemütlich

Machen Sie es sich dann mit sich selbst gemütlich, und genießen Sie Ihr neu gestaltetes Reich.

Beenden Sie die Übung, wie auf Seite 22 beschrieben.

Die inneren Bilder – was sie bedeuten können

Form und Farbe des Herzens sollen uns hier nicht interessieren. Es sei denn, Form und Farbe gefallen Ihnen nicht, dann verändern Sie alles nach Ihrem Geschmack.

Sie müssen sich heimisch fühlen

Ihr Herz gehört Ihnen, Sie sollen sich dort zu Hause fühlen. Sie haben sich in den vergangenen Jahren in Ihrem Leben »eingerichtet«: Wenn Sie im Raum Ihres Herzens eine veraltete *Einrichtung* vorgefunden haben, die Sie nicht mögen, dann entlasten Sie Ihr Herz von diesen alten Erinnerungen und modernisieren Sie!
Haben Sie zerbrechliches oder robustes Mobiliar vorgefunden, das Ihnen nicht zusagt – richten Sie sich neu ein. Es liegt an Ihnen, ob Sie einen neuen Weg gehen wollen.
Hat Ihr Herz eine eigene *Lichtquelle* oder strömt das Licht von außen herein? – War der Raum Ihres Herzens dunkel

oder hell? – Waren die Fenster geschlossen oder weit geöffnet? Eine Lichtquelle im Herzen symbolisiert unsere Kraft, uns und andere zu lieben; Licht, das von außen hereindringt, zeigt unsere Fähigkeit, Liebe von anderen anzunehmen.

Und Ihr Licht?

Manchmal werden wir im Laufe unseres Lebens so verletzt, daß unsere Licht- und Energiequelle immer kleiner wird, bis sie schließlich versiegt. Es werden uns oft Wunden zugefügt, die wir so schlecht ausheilen, daß unser inneres Licht immer schwächer brennt, bis ein Windstoß kommt und das Lichtlein ausbläst. Dabei lassen wir aber nicht nur zu, daß unsere Liebe zu anderen Menschen verlöscht, sondern auch, daß wir die Liebe zu uns selbst verlieren.

Möglicherweise hatten Sie eine künstliche Lichtquelle im Raum angebracht. Das würde heißen, daß Sie zwar selbst so verletzt wurden, daß Ihre Herzenskraft versiegt ist, daß Sie aber – in Erinnerung an die einstige Kraft – versuchen, weiterhin liebevoll zu den Menschen Ihrer Umgebung zu sein, die Ihnen nichts getan haben. Wenn es jedoch dunkel in Ihrem Herzen war, so spüren Sie selbst, daß Ihnen etwas verlorengegangen ist – eine Kraft, die Sie wärmt und die in Ihnen strahlt.

Eine Kraft, die Sie wärmt

Fiel nur von außen Licht in Ihr Herz, so sind Sie auf die Liebe anderer Menschen angewiesen, und Sie leben vielleicht in dem ständigen Bemühen, sich diese Liebe zu erhalten.

Nicht nur Verletzungen löschen das Licht unseres Herzens, sondern auch eine große Verliebtheit kann zum Aufgeben des eigenen Lichtes führen – wenn wir glauben, nur so die Liebe des anderen Menschen ganz und gar wahrnehmen und genießen zu können. Wenn sich dieser Mensch jemand anderem zuwendet, sitzen wir im Dunkeln und haben vergessen, daß wir eine eigene Leuchtkraft besitzen. Vergessen Sie nie, darauf zu vertrauen, daß Sie genug Liebe bekommen, wenn Sie selbst Liebe geben. Solange das eigene Feuer brennt, tragen Sie die Liebe in sich, Sie müssen sie nicht bei einem anderen Menschen suchen.

Der eigenen »Leuchtkraft« vertrauen

Ideal ist es, wenn das Herz sein eigenes Licht hat, und wenn es zusätzlich geöffnet ist; denn dann kann auch Licht von außen einfallen, bis das Herz vor Liebe »überströmt« – ein schönes und beglückendes Gefühl.

Nutzen Sie Ihre Herzenskräfte

Wenn die »Lichtverhältnisse« in Ihrem Herzen Ihnen zu denken gegeben haben, so sollten Sie in Ihren Meditationsübungen in Ruhe alle Varianten »durchspielen«, bis sie einen Zustand erreicht haben, der Ihnen zusagt.
War Wasser in Ihrem Herzen (feuchte Wände), dann haben Sie eine Verletzung noch nicht verschmerzt. Nutzen Sie die Kraft Ihrer Lichtquelle, wärmen Sie den Raum, damit er langsam trocknet. Sie werden spüren, wie Ihre alten Tränen versiegen, wie Ihre Wunden heilen.

Den Partner nicht »einschließen«

Wenn Sie festgestellt hatten, daß Sie in Ihrem Herzen nicht alleine sind, so überlegen Sie einmal, ob Sie nicht jemanden so sehr in Ihr Herz geschlossen haben, daß er sich darin wie gefangen vorkommt. Entlassen Sie ihn. Damit sprechen Sie dem anderen nicht nur mehr Wert und Eigenständigkeit zu – Sie schützen sich auch selbst vor Verletzungen. Denn wenn der solcherart »Gefangene« ausbricht, »verletzt« er sein Gefängnis – Ihr Herz.
Versuchen Sie in einer der nächsten Meditationssitzungen, ihn aus dem Herzen zu entlassen und ihn »nur« durch einen Strahl von Wärme und Liebe mit sich zu verbinden.
Benutzen wir unser Herz, um schöne Gefühle darin einzuschließen und sie festzuhalten, so bleiben sie davon nicht besser erhalten. Im Gegenteil! Sie haben dann keine Luft mehr zum Atmen. Lassen Sie Ihr Herz geöffnet, teilen Sie Ihre Gefühle mit der Welt. Ihre Liebe wird immer stärker strömen, und Ihr Vertrauen in die Liebe, die Sie geben und nehmen, wird wachsen.
Nehmen Sie diese Vorstellung von der Kraft Ihres Herzens mit in die nächste Meditation, öffnen Sie die »Fenster Ihres Herzens« weit, damit frische Luft und Sonne hineinkommen.

Lebenskraft

Denken Sie daran: Ihr Herz ist der Wohnort einer der stärksten Lebenskräfte. Sie können diese Kraft nach Ihrem Wunsch nutzen.

Die Nachfastenzeit – den Alltag bereichern

Sie haben viel gelernt –

Sie sind nun am Ende Ihrer Fastenwoche angekommen. Sie haben so manches Pfund verloren – und Sie haben Neues gewonnen: allem voran ein verbessertes Körpergefühl, das gepflegt werden möchte. Ihre Beziehung zur Nahrung hat sich gewandelt, und Ihr Geschmacksempfinden ist feiner geworden. Das natürliche Gefühl von Hunger und Sättigung ist zurückgekehrt, Sie spüren, welche Nahrung Ihnen und Ihrem Körper wohltut.

Nutzen Sie diese Erkenntnisse und Erfahrungen in Ihrem Alltag. »Schenken« Sie sich und Ihrem Körper eine natürliche und vollwertige Ernährung, wenden Sie das wiedergewonnene intuitive Wissen darüber an, welche Lebensmittel Sie ab jetzt zu sich nehmen wollen, überfluten Sie Ihre Nahrung mit Licht.

Durch die meditativen Übungen, die Bildersprache in der Entspannung, haben Sie in der Fastenzeit einen Weg kennengelernt, sich nach innen zu wenden, Ihrer Seele die nötige Aufmerksamkeit zu schenken und mit Ihren geistigen Kräften Kontakt aufzunehmen.

– nutzen Sie es!

Je regelmäßiger Sie Ihre innere Landschaft für einen »Kurzurlaub« nutzen, desto ausgeglichener werden Sie Ihr Leben leben können.

Mit der letzten Meditationsübung dieses Buches möchte ich Ihnen eine Hilfe geben, wie Sie den direkten Kontakt zu sich selbst auch im Alltag nicht verlieren: Das Symbol der Rose soll Sie begleiten. Es kann Ihnen viel über Sie sagen, und es hilft Ihnen, auf geistiger Ebene etwas für sich selbst zu tun.

Meditationsübung: Rose

Vorbereitung: Machen Sie es sich an Ihrem Ruheplatz (→ Seite 19) bequem, lesen Sie den folgenden Text aufmerksam durch, wie auf Seite 20 beschrieben.

Entspannen Sie sich, und beginnen Sie mit der Meditationsübung.

Übung: Ziehen Sie sich an Ihren Erholungsort zurück, bleiben Sie dort, bis Sie sich wohl fühlen. Lösen Sie das Bild dann auf, und lassen Sie vor Ihrem inneren Auge eine Rose als Symbol für Ihren Körper erscheinen. Überlegen Sie nicht, wie sie aussehen müßte, sondern nehmen Sie die Rose an, die spontan vor Ihrem inneren Auge erscheint.

Betrachten Sie Ihre Rose genau

Betrachten Sie diese Rose in allen Einzelheiten. Sehen Sie sich die Blüte an – wie ist sie gestaltet? – Ist sie geöffnet oder geschlossen? – In welcher Farbe ist sie erblüht?
Lassen Sie Ihren Blick über den Stiel der Rose wandern. Ist der Stiel zart und anmutig oder dick und holzig? Hat er Dornen und Blattwerk? Lassen Sie Ihren Blick weiterwandern bis zum Ende des Stiels: Steht die Rose abgeschnitten in einer Vase, hat sie Wurzeln, die in der Luft schweben oder tief in der Erde verankert sind?

Wie sieht Ihre zweite Rose aus?

Lösen Sie dieses Bild auf, lassen Sie dann eine zweite Rose vor Ihrem inneren Auge erscheinen, die Symbol ist für Ihr Selbstbild, Ihre Persönlichkeit. Betrachten Sie auch diese Rose so eingehend wie die erste, achten Sie auf dieselben Dinge, um sich ein genaues Bild machen zu können. Wenn es Ihnen gefällt, lassen Sie die beiden Rosen nebeneinander erscheinen und miteinander in Verbindung treten. Vielleicht entsteht so eine neue Rose, die Elemente beider Blumen in sich vereint.

Beenden Sie die Übung, wie auf Seite 22 beschrieben.

Blühen Sie auf – die Symbolsprache der Rose

Die Rose, die als erste erschienen ist, symbolisiert Ihren Körper – verbunden mit Ihrem Gefühlsleben und der Kraft Ihres Unterbewußtseins.
Die zweite Rose symbolisiert den Ist-Zustand Ihrer Persönlichkeit. Sie zeigt, was Sie seit Ihrer Pubertät an sich selbst entwickelt haben – Ihren Vorstellungen und Ihrem Willen folgend.
Bei beiden Rosen ist die *Blüte* jeweils Symbol für den Grad der Entfaltung, gleichzeitig zeigt sie die Intensität an, mit der

Symbole für Körper und Seele

Sie sich der Umwelt öffnen. Ob die Blüten der Rosen knospig geschlossen oder ob die Blütenblätter weit geöffnet waren, steht ausschließlich mit Ihrem Bedürfnis nach Öffnung in Zusammenhang und ist ganz in Ordnung, so wie es ist.

Die *Farben* der Blüten zeigen Ihnen, welche Kräfte in Ihnen walten; diese Farben können sich wandeln – in Einklang mit den verschiedenen Phasen in Ihrem Leben: Blau steht für die Seelenkraft, Lila für die Energie des Geistes, somit für die spirituelle Kraft und die Kraft des Glaubens. Gelb symbolisiert den Verstand; Rosa die selbstlose Liebe. Rot ist die Farbe der leidenschaftlichen Liebe, und Orange zeigt die innere Spannkraft, mit der wir den Alltag bewältigen.

Der *Stiel* symbolisiert die Art und Weise, in der Sie im Leben stehen. Kann jeder Sie abknicken, weil Sie völlig ohne *Dornen* sind? – Oder sind Sie stachelig wie ein Igel, weil Sie sich nach einer Verletzung so in einen Stachelpanzer gehüllt haben, daß niemand sich mehr traut, Ihnen nahe zu kommen?

Wenn Sie die *Blätter* Ihrer Rose betrachten, erkennen Sie, wieviel Energie und Raum Sie einnehmen: Ziehen Sie sich zurück und beschränken sich auf ein paar spärliche Blätter? – Oder waren die Blätter gar vertrocknet?

So stehen Sie im Leben

Wurzeln, die tief im Boden verankert sind, schenken einer Rose Stabilität und Halt im Boden. Das Selbstwertgefühl, das in der Vergangenheit in uns gewachsen ist, schenkt uns den nötigen Halt im Leben. Doch wenn wir die Vergangenheit als belastend empfinden, so »schneiden« wir im übertragenen Sinne die Wurzeln unserer Vergangenheit ab. In diesem Fall leben wir stark aus dem Verstand und aus dem Willen. Wir müssen dann viele Kräfte mobilisieren, um strahlend zu blühen, denn die natürliche Versorgung aus dem Boden des Gefühls fehlt.

Häufig trennen junge Menschen, wenn sie das Elternhaus verlassen, die Wurzeln zu ihrer Vergangenheit ab. Eine Scheidung kann den Verlust einer lebenswichtigen Sicherheit ebenso mit sich bringen wie eine Eheschließung, wenn man die Wurzeln aus dem eigenen Boden zieht, um im Leben des Partners Wurzeln zu schlagen.

Haben Sie sich als *Kletterrose* gesehen? Dann sind Sie vermutlich jemand, der einen anderen Menschen als Halt benö-

Leben in innerer Spannung

tigt. Wenn die beiden Rosen, die Sie in der Meditation gesehen haben, sehr verschieden voneinander waren, so zeigen sie, wie unterschiedlich sich die beiden Bereiche Ihrer Persönlichkeit entwickelt haben. Vielleicht tendieren Sie sogar in zwei verschiedene Richtungen, und die beiden Rosen sind das Abbild einer inneren Spannung.

Meditationsübung: Rosengarten

Entfaltung der Persönlichkeit

Häufig empfinden Menschen ihre Gefühle und die anderen Kräfte des Unterbewußtseins als den hemmenden Teil ihres Wesens. Doch um unsere Persönlichkeit zur Gänze entfalten und zur Vollendung bringen zu können, brauchen wir beide Seiten. Entwickeln Sie sie mit der Geduld und der Liebe, die Sie für das Wertvollste aufbringen, das Sie haben – Ihr Leben. Pflegen Sie alle Aspekte Ihres Wesens, denn Sie benötigen sie, um aus ganzem Herzen leben zu können. In der folgenden Meditationsübung zeige ich Ihnen einen Weg, wie Sie Ihre Rosen gut pflegen, damit Sie Ihr Lebensgefühl zum Positiven hin verändern können.

Alles Lebendige braucht Pflege

Arbeiten Sie gern im Garten? Dann wissen Sie, wie Sie mit so empfindlichen Pflanzen umgehen müssen, wie Rosen es sind: Den Boden gut vorbereiten, die richtige Menge Wasser zugeben und einen Platz finden, an dem die Rosen nicht zuviel und nicht zuwenig Sonne bekommen, dabei aber geschützt sind vor dem Wind. Auch müssen Rosen beschnitten oder gedüngt werden – sie gedeihen dann besser.
Ob Moosröschen oder eine besondere Züchtung – jede Rose hat ihre Schönheit und ihren Platz im Leben, jede braucht angemessene Pflege und Schutz. Wenn Sie Ihre Rose in der Meditation pflegen und zur Entfaltung bringen, bekommen Ihr Körper und Ihre Seele alle Hilfe und Unterstützung, die sie benötigen.

Vorbereitung: Machen Sie es sich an Ihrem Ruheplatz (→ Seite 19) bequem, lesen Sie den folgenden Text aufmerksam durch, wie auf Seite 20 beschrieben. Entspannen Sie sich, und beginnen Sie mit der Meditationsübung.

Übung: Lassen Sie in einer der nächsten Meditationen Ihre beiden Rosen (oder die neu entstandene einzelne Rose) erscheinen und pflegen Sie sie. Spielen Sie alle möglichen Entwicklungen der einzelnen Rose durch, verändern Sie Blüte, Stiel, Dornen, Blätter, den Boden, auf dem sie steht, bis Sie die Form gefunden haben, bei der Sie sich am wohlsten fühlen.
Lassen Sie sich mit Veränderungen Zeit. Sie haben ein Leben lang Gelegenheit, Ihre Rosen zu veredeln und Ihr Leben so zu gestalten, wie Sie es gern möchten.

Beenden Sie die Übung, wie auf Seite 22 beschrieben.

Zum Abschied

Sie haben bei jeder Übung versucht, eine Veränderung nach Ihren Wünschen vorzunehmen. Sie wissen, daß Sie sich verlassen können auf Ihre Fähigkeiten, das Alte loszulassen, die Wandlung anzunehmen und offen zu sein für das Neue. Übernehmen Sie dieses Grundprinzip der Meditation in Ihr Leben. Schauen Sie sich immer wieder alte Situationen an. Spielen Sie Konflikte durch, bis Sie eine Wandlungsmöglichkeit finden. Durch den Kontakt zu unserem Unterbewußtsein und zu unserer Seele erhalten wir aus unserem Inneren eine optimale Führung zur Erfüllung unserer Wünsche und zum richtigen Verhalten in Krisensituationen.

Vertrauen – Selbstvertrauen

Zum Nachschlagen

Einkaufslisten

Für die Einstimmung Ihres Körpers

Je nachdem ob Sie Ihren Entlastungstag mit Obst, Rohkost oder Reis machen, müssen Sie besorgen:

- für den Obsttag 1,5 kg Obst,
- für den Rohkosttag 1,5 kg Gemüse, Obst und Salat,
- für den Reistag 150 g Vollreis, 2 Tomaten, 1 Apfel oder Apfelmus ohne Zucker,
- Pflanzenöl, Zitronen, Kräuter und Gemüse.

Außerdem

- etwa 3 Flaschen kohlensäurearmes Mineralwasser (es sei denn, Sie haben gutes Quell- oder Leitungswasser zur Verfügung, das Sie auch sonst trinken),
- verschiedene Sorten Kräuter- oder Früchtetees nach Ihrem Geschmack,
- Schwarz- oder Ginsengtee, falls Sie zu niedrigem Blutdruck neigen,
- 1,5 Liter Obstsaft und 0,5 Liter Gemüsesaft Ihrer Wahl,
- 1 Liter Sauerkrautsaft.

Die Speisepläne und Rezepte finden Sie auf Seite 78.

Für die Fastentage

- Gemüse und Gewürze für Ihre Fastenbrühe, eventuell Reis und Haferflocken für Getreideschleimzubereitungen (→ Speisepläne und Rezepte für die Fastentage, Seite 78).
- Etwa 15 Flaschen kohlensäurearmes Mineralwasser,
- Früchte-, Kräuter-, Schwarz- oder Ginsengtee,
- Gemüsesäfte nach Ihrer Wahl,
- Obstsäfte nach Ihrer Wahl,
- 6 Zitronen,
- 1 Packung Hefeflocken,
- 1 kleine Packung Leinsamen,
- 40 g Glaubersalz aus der Apotheke,
- 50 Bittersalz oder F. X. Passage-Salz, wenn Sie sich nicht zu einem Einlauf entschließen können.

Auch das brauchen Sie
- Ein Einlaufgefäß (Irrigator) mit Schlauch und Darmrohr,
- Handtuch (Leinen!),
- Hautöl und Trockenbürste für die Haut,
- Wärmeflasche,
- Malutensilien.

Darauf sollten Sie achten
- Wärmere Kleidung als sonst kann von Nutzen sein, denn vielen Menschen wird, wenn sie fasten, leichter kalt als sonst.
- Ihre Unterwäsche werden Sie häufiger wechseln müssen, da Fasten immer auch Entschlackung bedeutet, und die Haut unser wichtigstes Ausscheidungsorgan ist.

Für die Aufbautage
- 4 Eßlöffel feingeschroteter Weizen,
- Leinsamen,
- 1 Pfund gut reife (ungespritzte) Äpfel,
- je 500 g Kartoffeln, Karotten und Tomaten,
- 1 Stange Lauch,
- 1 bis 2 Knollen Sellerie,
- 1 Zwiebel,
- 1 Kopf Salat,
- frische Kräuter (Majoran, Petersilie, Schnittlauch),
- ½ Pfund Backpflaumen oder ein Kranz Feigen,
- Butter,
- 1 Packung Frischkäse,
- 20 g 20%iger Quark oder Hüttenkäse,
- 2 Joghurt/Bioghurt,
- 1 Paket Knäcke-, Vollkorn- oder Leinsamenbrot,
- 1 Flasche Molke oder Sauerkrautsaft,
- Buttermilch,
- saure Sahne,
- Gewürze (Muskatnuß, Majoran, Pfeffer, Kümmel, Zitronenmelisse, Liebstöckl, gekörnte Gemüsebrühe),
- Obstessig, Pflanzenöl, Meersalz, Tomatenmark, Sanddornsaft, Zitronen, Honig.

Speisepläne und Rezepte

Für den Entlastungstag

Falls Sie streng entlasten wollen, können Sie wählen:

Obsttag: Essen Sie das Obst (1,5 kg) über den Tag verteilt.

Rohkosttag: morgens Obst oder Obstsalat – mittags und abends je eine Rohkostplatte mit verschiedenen Blattsalaten und geraspelten oder kleingeschnittenen Gemüsen.
Zubereitung: Richten Sie die Rohkost (insgesamt etwa 1,5 kg) auf einem Teller hübsch an und übergießen sie mit einer Marinade aus etwas Pflanzenöl, Zitronensaft, Kräutern und Gewürzen.

Reistag: morgens 50 g gekochter Reis mit einem gedünsteten Apfel (oder Apfelmus ohne Zucker) – mittags 50 g gekochter Reis mit zwei gedünsteten Tomaten und Kräutern – abends 50 g gekochter Reis mit einem gedünsteten Apfel (oder Apfelmus ohne Zucker).

Viel trinken!

Wichtig: Trinken Sie zwischendurch mindestens 1 bis 2 Liter Wasser oder Mineralwasser, um den Körper bei der Ausscheidung der Gift- und Schlackenstoffe zu unterstützen. Saugen Sie gelegentlich einen Schnitz Zitrone aus.

Für die Fastentage

Morgens: 2 Tassen Kräutertee Ihrer Wahl mit ½ Teelöffel Honig. Milder Schwarztee mit Zitrone oder Ginsengtee, falls Sie zu niedrigem Blutdruck neigen.

Mittags: 200 ml Gemüsesaft (verdünnt mit 50 ml Wasser) oder eine Gemüsebrühe Ihrer Wahl.
Die Zutaten für die Gemüsebrühe, die Sie zweimal am Tag kochen und essen können (→ *Fahrplan durch die Fastenwoche,* Seite 26), sind für 4 Personen berechnet.
Zubereitung: Waschen Sie das Gemüse gut, schneiden Sie es ungeschält klein. Geben Sie das kleingeschnittene Ge-

müse in 1 Liter kochendes Wasser, lassen Sie es 10 bis 20 Minuten lang kochen. Seihen Sie die Brühe durch, und würzen Sie sie mit einer Prise Meersalz, etwas Vitam-R oder Cenovis-Gemüsebrühe und einer Prise frischgemahlener Muskatnuß. Geben Sie zum Schluß 2 Teelöffel Hefeflocken und 4 Teelöffel frischgehackte Petersilie oder frische Kräuter nach Wunsch über die Brühe.

Sie können wählen

Beachten Sie bitte: Natürlich können Sie die Rezepte (→ unten) für sich abwandeln, beispielsweise wenn Sie rote Bete oder Fenchel bevorzugen, oder wenn andere Gemüse gerade in Ihrem Garten gereift sind. Kohlgemüse ist jedoch weniger geeignet, da es nicht von allen Menschen gleich gut vertragen wird.

Zutaten für Kartoffelbrühe:
1 l Wasser, 250 g Kartoffeln, 2 Karotten, ½ Stange Lauch, etwas Petersilienwurzel, ¼ Knolle Sellerie, je ½ Teelöffel Kümmel und Majoran, 1 Prise Meersalz, etwas Vitam-R oder Cenovis-Gemüsebrühe, 1 Prise frischgemahlene Muskatnuß, 2 Teelöffel Hefeflocken, 4 Teelöffel frischgehackte Kräuter.

Zutaten für Karottenbrühe:
1 l Wasser, 250 g Karotten, ½ Stange Lauch, etwas Petersilienwurzel und Sellerie, 1 Prise Meersalz, etwas Vitam-R oder Cenovis-Gemüsebrühe, 1 Prise Muskatnuß, 2 Teelöffel Hefeflocken und 4 Teelöffel frischgehackte Kräuter.

rische Kräuter verfeinern den Geschmack

Zutaten für Selleriebrühe:
1 l Wasser, 250 g Sellerieknolle, etwas Lauch und Karotte, je ½ Teelöffel Kümmel und Majoran, 1 Prise Meersalz, etwas Vitam-R oder Cenovis-Gemüsebrühe, 1 Prise frischgemahlene Muskatnuß, 2 Teelöffel Hefeflocken und 4 Teelöffel frischgehackte Kräuter.

Zutaten für Tomatenbrühe:
1 l Wasser, 500 g Tomaten, 1 Knoblauchzehe, etwas Lauch, Sellerie, Karotte, 1 Prise Meersalz, etwas Vitam-R oder Cenovis-Gemüsebrühe, 1 Prise frischgemahlene Muskatnuß, 2 Teelöffel Hefeflocken und 2 Teelöffel Oregano oder Majoran.

Nachmittags: 2 Tassen Früchtetee oder – bei Bedarf – milder Schwarztee (nach Wunsch mit Zitrone oder ½ Teelöffel Honig).

Abends: ¼ Liter Obstsaft Ihrer Wahl (mit Wasser verdünnt) oder ¼ Liter Gemüsesaft oder Gemüsebrühe.

Beachten Sie bitte: Wenn Sie einen empfindlichen Magen haben, können Sie statt der Gemüsebrühe und des Fruchtsafts jeweils auch einen *Getreideschleim* essen.
Die *Zubereitung* erfolgt für jede Mahlzeit neu: Geben Sie 3 Eßlöffel Haferflocken oder 3 Eßlöffel Reis oder 15 bis 20 g Leinsamen in ½ Liter Wasser, das Sie zum Kochen bringen und dann 5 (Haferflocken, Leinsamen) beziehungsweise 20 Minuten (Reis) weiterkochen lassen. Gießen Sie das Kochgut anschließend durch ein Sieb, um den Schleim von der festen Masse zu trennen. Je nach Geschmack können Sie den Schleim mit wenig Salz, Hefeextrakt, Honig, Gemüse- oder Obstsaft würzen, bevor Sie ihn schluckweise zu sich nehmen.

Für den ersten Aufbautag

Morgens: Tee wie gewohnt.

Vormittags: Fastenbrechen – 1 gut reifer oder 1 gedünsteter Apfel (gut einspeicheln!).

Langsam essen, genießen

Mittags: Kartoffel-Gemüse.
Zubereitung: Geben Sie eine kleine geschälte Kartoffel und je ein gut gewaschenes Stück Karotte, Lauch und Sellerie, kleingeschnitten, in 1¼ Liter heißes Wasser, und lassen Sie alles zugedeckt 15 Minuten lang garkochen. Schmecken Sie anschließend mit je 1 Prise gemahlener Muskatnuß und Majoran, ½ Teelöffel Hefeflocken und 1 Teelöffel gekörnter Gemüsebrühe ab, streuen Sie zum Schluß 1 Teelöffel gehackte Petersilie darüber.

Nachmittags: Früchtetee (trinken Sie über Ihren Durst).

Abends: Buttermilch mit 1 Teelöffel Leinsamen, 1 Scheibe Knäckebrot und Tomatensuppe.
Zubereitung: Putzen Sie 250 g reife Tomaten und ½ Zwiebel, und geben Sie sie kleingeschnitten in einen kleinen Topf, in dem Sie 1 Teelöffel Öl erhitzt haben. Dünsten Sie das Gemüse 10 Minuten lang, und streichen Sie es anschließend durch ein Sieb. Bringen Sie dann ¼ Liter Wasser zum Kochen, fügen Sie 1 Teelöffel gekörnte Gemüsebrühe, das Tomatenmus, je 1 Prise Meersalz, frischgemahlenen Pfeffer und getrockneten Thymian, ½ Teelöffel Hefeflocken und 1 Teelöffel Tomatenmark hinzu, und streuen Sie zum Schluß frischgehackte Petersilie oder Schnittlauch über die fertige Suppe.
Für den zweiten Aufbautag 2 Backpflaumen oder 1 Feige in ½ Tasse Wasser einweichen und über Nacht stehen lassen.

Für den zweiten Aufbautag

Nach dem Aufstehen: 1 Glas Sauerkrautsaft (mit Wasser verdünnt) oder Trink-Molke (keine »Kur-Molke«).

Morgens: Die eingeweichten Backpflaumen (Feige) und eine Weizenschrotsuppe.
Zubereitung: Wärmen Sie 3 Eßlöffel feingeschroteten Weizen in einem kleinen Kochtopf leicht an, gießen Sie ¼ Liter Wasser dazu, lassen Sie alles einmal aufkochen und danach bei schwacher Hitze 10 Minuten lang ausquellen. Würzen Sie die Suppe mit 1 Prise Meersalz und 1 Eßlöffel gehackten Kräutern.
Sie können statt der Weizenschrotsuppe auch 2 Scheiben Knäckebrot mit 50 g Kräuterquark essen.

Vormittags: Weiterhin viel trinken!

Mittags: Blattsalat mit Pellkartoffeln und Möhrengemüse.
Zubereitung Blattsalat: Waschen Sie ¼ Kopf Salat, und lassen Sie ihn gut abtropfen. Aus je 1 Prise Meersalz und Pfeffer, 1 Teelöffel Schnittlauchröllchen, ½ Teelöffel Obstessig oder Zitronensaft und 1 Teelöffel Pflanzenöl bereiten Sie eine Marinade und gießen sie über den Salat.

Zubereitung Pellkartoffeln: Kochen Sie 3 kleine ungeschälte Kartoffeln in ungefähr 25 Minuten gar, geben Sie dem Kochwasser etwas Kümmel hinzu.

Vollwertkost

Zubereitung Möhrengemüse: Lassen Sie 200 g gewaschene, kleingeschnittene Karotten in 3 Eßlöffel Wasser 10 Minuten lang garen. Würzen Sie mit je einer Prise Meersalz und Muskatnuß, fügen Sie 1 Teelöffel Pflanzenöl hinzu, damit die Vitamine resorbiert werden können, und bestreuen Sie das fertige Gemüse mit 1 Teelöffel frisch gehackter Petersilie.
Zum Nachtisch gibt es 1 Becher Bioghurt, den Sie mit 1 gehäuften Teelöffel Leinsamen und 1 Teelöffel mit Honig gesüßtem Sanddornsaft vermengen.

Nachmittags: Viel trinken!

Abends: Karottenrohkost und eine Getreide-Gemüse-Suppe.
Zubereitung Karottenrohkost: Säubern Sie 100 g Karotten und ½ Apfel, raspeln alles fein und vermengen es mit 2 Eßlöffel saurer Sahne und 1 bis 2 Teelöffel Zitronensaft. Fügen Sie etwas gehackte Zitronenmelisse hinzu und richten das Ganze auf einem gewaschenen Salatblatt an.

Fast ein Menü

Zubereitung Getreide-Gemüse-Suppe: Bräunen Sie ½ feingehackte Zwiebel in 1 Teelöffel Pflanzenöl leicht an, fügen Sie 1 Eßlöffel feingeschroteten Weizen hinzu, der ebenfalls leicht angebräunt wird. Danach löschen Sie mit ¼ l Gemüsebrühe oder Wasser ab, lassen das Ganze kurz aufkochen und anschließend 10 Minuten bei schwacher Hitze ausquellen. Schmecken Sie mit je 1 Prise Meersalz und getrocknetem Liebstöckl ab, heben Sie 50 g geriebene Sellerieknolle unter, und bestreuen Sie das fertige Gericht mit 1 Teelöffel gehackter Petersilie.
Zum Nachtisch gibt es 3 Eßlöffel Dickmilch, mit je einem Teelöffel Leinsamen und Sanddornsaft vermischt, dazu 1 Scheibe Knäckebrot.
Für den nächsten Tag 2 Backpflaumen oder nach Wunsch 1 Feige in ½ Tasse Wasser über Nacht einweichen.

Anleitungen für Anwendungen

Ansteigendes Fußbad

Ansteigendes Fußbad

Stellen Sie eine Fußbadewanne oder einen Eimer, in dem Sie mit beiden Füßen Platz haben, in die Badewanne oder in die Duschkabine. (Das ist nötig, weil ständig Wasser überlaufen muß.) Setzen Sie sich auf den Badewannenrand oder mit einem Stuhl vor die Duschkabine. Füllen Sie das Gefäß bis über Wadenhöhe mit Wasser, Wassertemperatur 33°C. Tauchen Sie die Beine ins Gefäß und lassen Sie ständig immer wärmeres Wasser nachlaufen, wobei sich die Temperatur bis auf 40 oder 42°C steigern soll. Nach 15 bis 20 Minuten – richten Sie sich dabei nach Ihrem Wohlbefinden – streifen Sie das Wasser mit den Händen ab und ziehen warme Strümpfe an.

Einlauf

Einlauf

Füllen Sie den Klistierbehälter oder -beutel im Badezimmer mit 1 Liter körperwarmem Wasser (Probelauf ins Klo oder Waschbecken, bis keine Luftblasen mehr im Schlauch sind). Klemmen oder knicken Sie den Schlauch ab, oder drehen Sie – falls vorhanden – das Hähnchen zu. Fetten Sie das Darmrohr am Schlauchende etwas ein. Hängen Sie den gefüllten Einlaufbehälter an die Türklinke, und lagern Sie sich mit Knien und Ellenbogen auf den Boden, so daß Sie das eingefettete Darmrohr leicht und möglichst tief in den After einführen können – pressen Sie ein wenig dagegen.
Während Sie das Wasser langsam einlaufen lassen, unverkrampft knien, Bauchdecke locker lassen, ruhig atmen. Nach 2 bis 5 Minuten treibt Sie heftiges Drängen aufs Klo; 2- bis 3mal »schießen« Wasser und Darminhalt befreiend heraus.

Prießnitz-Leibauflage

Prießnitz-Leibauflage

Tauchen Sie ein Leinenhandtuch zu einem Drittel in kaltes Wasser, wringen Sie es aus, und legen Sie es so zusammen, daß es eine nasse und zwei trockene Schichten gibt. Legen Sie die nasse Seite auf den Leib und ein zusammengeschlagenes trockenes Frottiertuch darüber. Der Bund der Schlafanzughose hält alles zusammen. In kurzer Zeit wird die Auflage wohlig warm.

Bücher, die weiterhelfen

Fasten/Heilfasten

Buchinger, Dr. O. sen.: *Das Heilfasten;* Hippokrates Verlag, Stuttgart

Buchinger, Dr. O. jun.: *Heilfastenkur;* Bruno Wilhelms Verlag, Bad Bevensen

Farner, Dr. H.: *Fasten als Therapie;* Hippokrates Verlag, Stuttgart

Lützner, Dr. H.: *Wie neugeboren durch Fasten;* Gräfe und Unzer Verlag München

Niggemeyer, E., Lützner, H.: *Fasten verändert mein Leben;* Kösel Verlag, München

Richtige Ernährung

Eichborn, Benita v.: *Rohkost und Salate aus der Vollwertküche;* Gräfe und Unzer Verlag, München

Lützner, Dr. H., Million, H.: *Richtig essen nach dem Fasten;* Gräfe und Unzer Verlag, München

Lützner, Dr. H., Million, H.: *Rheuma und Gicht – Selbstbehandlung durch Ernährung;* Jungjohann Verlag, Neckarsulm

Rias-Bucher, B.: *Natürlich kochen – köstlich wie noch nie;* Gräfe und Unzer Verlag, München

Schnitzer, Dr.: *Gesund und schlank werden mit Schnitzer-Intensivkost; gesund und schlank bleiben mit Schnitzer-Normalkost;* Schnitzer-Verlag, St. Georgen, Schwarzwald

Konzentration und Meditation

Gawain, S.: *Stell dir vor;* Rowohlt Taschenbuch Verlag, Reinbek

Huth, Dr. med. A., Huth, Dr. med. W.: *Meditation – Begegnung mit der eigenen Mitte;* Gräfe und Unzer Verlag, München

Langen, Prof. Dr. med. D.: *Autogenes Training für jeden;* Gräfe und Unzer Verlag, München

Leuner, Prof.: *Katathymes Bilderleben;* Thieme Verlag, Stuttgart

Ponder, C.: *Die Heilungsgeheimnisse der Jahrhunderte;* Peter Erd Verlag, München

Yoga für alle Lebensstufen – in Bildern; Von den Grundstellungen über Entspannungs- und Atemübungen zu Asanas und Meditation; Herausgegeben vom Sivananda Yoga Zentrum. Gräfe und Unzer Verlag, München

Tabellen und Kompasse

Die große GU Nährwert-Tabelle, Neuausgabe; Gräfe und Unzer Verlag, München

Die große GU Vitamin- und Mineralstoff-Tabelle; Gräfe und Unzer Verlag, München

GU Kompaß Mineralstoffe; Gräfe und Unzer Verlag, München

GU Kompaß Nährwerte; Gräfe und Unzer Verlag, München

GU Kompaß Vitamine; Gräfe und Unzer Verlag, München

Klevers Kalorien-Joule-Kompaß; Gräfe und Unzer Verlag, München

Adressen, die weiterhelfen

Ärzte, die bereit sind, Fastende zu beraten

Bedenken Sie bitte, daß die Beantwortung von Telefonanfragen nur in knapper Form möglich und ärztliche Beratung per Telefon, ohne daß der Faster dem Arzt bekannt ist, nicht möglich sind. Legen Sie schriftlichen Anfragen bitte einen mit Ihrer Anschrift versehenen und frankierten Briefumschlag bei.

Deutschland:

Dr. Irene Freimuth
Karlsruher Straße 5
1000 Berlin 31

Dr. Sigrid Das
Bingerstraße 64
1000 Berlin 33

Dr. Wilhelm Breitenbürger
Dr. Jochen Starke
Schlesische Straße 32
1000 Berlin 36

Dr. Stefan Föller
Paul-Lincke-Ufer 25
1000 Berlin 36

Dr. Brigitte Marsen
Goethestraße 20
1000 Berlin 37

Dr. Gisela Schmitz da Silva
Sonnenallee 142
1000 Berlin 44

Drs. M. und R. Wilhelm
Schmarjestraße 18
1000 Berlin

Dr. Uthe Ernst
Rosenstraße 3
2000 Hamburg 1

Dr. Wilfried Staubert
Feldbrunnenstraße 4
2000 Hamburg 13

Dr. Uwe Jobst
Flemingstraße 16
2000 Hamburg 60

Dr. Eckhart Sies
Hudtwalckerstraße 24
2000 Hamburg 60

Dr. Werner Kremser
Rehblöcken 22
2000 Hamburg 67

Dr. C. U. Schünke
Wulfsdorfer Weg 116
2000 Hamburg 67

Dr. W. Schupfner
Lehmweg 51a
2081 Heist

Dr. Ingrid Olivet
Jahnstraße 32
2240 Heide

Dr. R. Sens
Ludwig-Nissen-Straße 39
2250 Husum

Ioannis Papagiannopoulos
Metzstraße 53
2300 Kiel 1

Dr. Gisela Rendtorff
Düvelsbeker Weg 40
2300 Kiel

Dr. Karl Baecker
Am Schützenhof 7
2390 Flensburg

Dr. Maria Straub
Bahnhofstraße 11
2407 Bad Schwartau

Dr. Hugo Ohntrup
Zum Kreuzkamp 14
2730 Heeslingen

Dr. Haas
Edisonstraße
2800 Bremen

Dr. Ulrich Giesler
Huchtiger Heerstraße 30
2800 Bremen 66

Dr. Beate Staiger
Bahnhofstraße 37
2800 Bremen 1

Dr. Irene Budelski
Davenstedter Straße 215
3000 Hannover 91

Dr. Klaus-Peter Reinicke
Brokeloher Mühle 25
3076 Landesbergen

Dr. Rita Klose
Uelzener Straße 6
3111 Gerdau

Dr. Thomas Kaluza
Lilienstraße 14
3216 Osterwald

Dr. Eckehard Meyer
An der Kirche 1
3257 Springe 1

Dr. Margot Olischläger
Tannenkamp 23
3510 Hann.-Münden

Dr. Bernhard Lottner
Jägerhofstraße 14
4000 Düsseldorf 30

Dr. Wilhelm Hintzen
Rhenaniastraße 30
4048 Grevenbroich 2

Frau Dr. B. Bohnen
Mergelstraße 51
4330 Mülheim a. d. Ruhr

Dr. Barbara Grieseler
Wehrstraße 1
4400 Münster

Dr. G. Schnürmann
Bahnhofstraße 10
4430 Steinfurt

Dr. H.-Kl. Rüschkamp
Schürkamp 11
4434 Ochtrup-Langenhorst

Dr. R.-U. Hoffmann
Osnabrücker Straße 254
4440 Rheine

Dr. Dr. D. Wachsmuth
Neue Straße 6
4516 Schledehausen

Dr. Angelika Börger
Rollkerskamp 8
4550 Bramsche-Engter

Dr. Krisor
Marienstraße 2
4690 Herne

Dr. Hartmut Bansi
Hertinger Straße 6
4750 Unna

Dr. Wilhelm Stedtfeld
Lippstädter Straße 34
4835 Rietberg 3

Dr. G. Draczinski
Rohrstraße 11
5000 Köln 41

Dr. Christiane Wagner
Seb.-Kneipp-Straße 23
5020 Frechen 1

Dr. Walter Zwerenz
Bahnhofstraße 14
5540 Prüm/Eifel

Dr. Martin Hermann
Zur Dörner Brücke 19
5600 Wuppertal 2

Dr. Hubertus Steinkuhl
Lupinenweg 2
5750 Menden 1

Dr. David Tao
Hauptstraße 18
5757 Wickede/Ruhr

Dr. J. Ch. Kingreen
Allgemeines Krankenhaus
für die Stadt Hagen
Postfach 4105
5800 Hagen 1

Dr. Elvira Wünsche
Große Werde 8
5830 Schwelin

Dr. Editha Veit
Hofbachstraße 86
5900 Siegen

Dr. Magdalene Hinkel
Arnsburger Straße 33
6000 Frankfurt 60

Dr. Maria Vogel
Dr. Sabine Heinken
Altebornstraße 1
6000 Frankfurt 60

Dr. Martin Kessel
Keltersbacher Straße 28
6082 Mörfelden-Walldorf

Dr. Heidelore Schubert
Körnerstraße 3
6140 Bensheim

Dr. Benno Wölfel
Odenwaldstraße 30
6146 Alsbach-Hähnlein 1

Dr. Jürgen Lorenz
West-Center/Flackstraße
6200 Wiesbaden

Dr. Hans Raue
Blücherstraße 7
6200 Wiesbaden

Dr. Grit Berner-Rohn
Gartenfeldstraße 1
6208 Bad Schwalbach 1

Dr. Dieter Spranger
Georg-Pingler-Straße 7
6240 Königsstein/Taunus

Dr. Thomas Winter
Jahnstraße 45
6501 Budenheim

Dr. Christa Jung
Bleichstraße 1
6508 Alzey

Dr. J. Weber
Bahnhofstraße 37
6537 Gensingen

Dr. Helmut Braun
In den Weiden 17
6653 Blieskastel/Webenheim

Dr. F. X. Erlenwein
Mainzer Straße 32
6703 Limburgerhof

Dr. Günter Michael
Glockengasse 2
6730 Neustadt 17

Dr. Gabriele Stech
Boschweg 2
6740 Landau-Nußdorf

Dr. Alfons Homeyer
Schwarzwaldstraße 45
6800 Mannheim 1

Dr. Harald Arnold
Vangerowstraße 107
6900 Heidelberg

Dr. Helmut Bergdolt
Dr. Gudrun Mono
Schloßstraße 14
6908 Wiesloch

Dr. Dieter Kintzinger
Kirchhauser Straße 67
7000 Stuttgart 75

Dr. Lucia Both
Poststraße 44
7030 Böblingen

Dr. Johannes Frhr. v. Redwitz
Sebastiansgraben 31
7090 Ellwangen

Dr. Scheel
Klein-Bottwarstraße 17
7141 Steinheim

Dr. Renate Schad
Königstraße 7
7144 Asperg

Dr. Herbert Langer
Brühlstraße 4
7209 Aldingen

Dr. W. Würfel
Sängerstraße 12
7220 Schwenningen (Neckar)

Dr. Dietrich Schmoll
7294 Schopfloch/Schwarzwald

Dr. Ulrike Rose
Esslinger Straße 64
7310 Plochingen

Dr. Andreas Klein
Berliner Ring 39
7400 Tübingen

Dr. Krystyna Nowara
Karlstraße 35
7471 Sigmaringen

Dr. Helmut Sauer
Rheinstraße 7
7517 Waldbronn-Reichenbach

Dr. Werner Dietrich
Rudolf-Pöhler-Allee 13
7530 Pforzheim

Dr. J. F. Rösch
Redtenbacherstraße 20
7530 Pforzheim

Dr. Gert Scheumann
Mauerbergstraße 99
7570 Baden-Baden/Neuweier

Dr. Winfried Hoggenmüller
Hauptstraße 56
7590 Achern

Dr. Georg Wittich
Klinik Kinzigtal
7614 Gengenbach

Dr. Hubert Schnurr
Schmidtenstraße 10
7635 Schwanau 3

Dr. K. Potratz
Habsburger Ring 36
7730 Villingen

Dr. Frank-Dieter Spiegel
Klosterring 11
7730 Villingen

Dr. Barbara Büttner
Fischerstraße 36
7750 Konstanz

Dr. Owandner
Steinhartstraße 3
7750 Konstanz

Dr. Hans-Christian Purucker
Elblingweg 12
7750 Konstanz

Dr. Egle-Weber
Bernd Hillebrandt
Mühlenstraße 11
7776 Owingen

Dr. Henninges
Krotzinger Straße 11
7800 Freiburg

Dr. Dagmar Müller-Mobashery
Praxis Dr. Köhler
Prinz-Eugen-Straße 1
7800 Freiburg

Dr. Christian Hentschel
Markgrafenstraße 8
7830 Emmendingen

Dr. Maria Günther
Haus Nr. 11
7861 Raich-Oberhäuser

Dr. Manfred Henn
Hofstatt 9
7895 Klettgau-Erzingen

Dr. Heinz U. Haug
Franz-Lehar Straße 6/2
7910 Neu-Ulm

Dr. Michael Schorr
Ortsstraße 40
7913 Senden

Dr. Georg Ivanovas
Breiteweg 17
7954 Bad Wurzach

Dr. K.-H. Freigang
Kuppelnaustraße 5
7980 Ravensburg

Dr. Peter Groh
Weiherstobel 8
7980 Ravensburg

Dr. Gunzelmann
Immelmannstraße 16
7988 Wangen/Allgäu

Dr. Heinz Breidenbach
Hippmannstraße 6
8000 München 19

Dr. Wolfgang Dittmar
Destouchestraße 46
8000 München 40

Dr. Wolf Bergmann
Dr. Jürgen Tempel
Schopenhauerstraße 56
8000 München 40

Dr. Christian Tietz
Finsterwalder Straße 13
8000 München 50

Dr. Gerd Mayer
Josef-Frankl-Straße 47c
8000 München 50

Dr. Hartmut Dorstewitz
Wasserburger Straße 37
8011 Kirchseeon

Dr. Hilde Beger
Aachenfeldstraße 19–21
8100 Garmisch

Dr. Lutz Trommsdorff
Dekan-Karl-Platz 12
8102 Mittenwald

Dr. Schmid
Heimgartenstraße 29
8115 Ohlstadt

Dr. Werner Gross
Kreuzweg 7
8164 Hausham

Dr. Stefan Koehler
Badstraße 11
8173 Bad Heilbrunn

Dr. Eberhard Laubender
Von-Velsen-Straße 8
8174 Ried/Kochel am See

Dr. Werner Düsterwald
Adria-Stopp-Straße 42
8182 Bad Wiessee

Dr. Hartmut Baltin
Kaiserstraße 6
8200 Rosenheim

Dr. Dieter Bauer
Graf-Lamberg-Weg 6
8200 Rosenheim-Aising

Dr. Schader
Wendelsteinstraße 6
8210 Prien

Dr. Lucyna Schroeder
Salzburger Straße 3
8230 Bad Reichenhall

Dr. W. Strauch
Töginger Straße 12
8260 Mühldorf

Dr. L. Fodor
Schulgasse 7a
8393 Freyung

Dr. Georg Opitz
Luitpoldstraße 11b
8400 Regensburg

Dr. Armin Primbs
Stadtgraben 48
8440 Straubing

Dr. J. Eiletz
Hirschwalderstraße 9
8451 Rieden

Dr. Christian Rechl
Kettelerstraße 3
8480 Weiden/Oberpfalz

Dr. Bernhard Kampik
Bürgerreutherstraße 39
8580 Bayreuth

Dr. Annemarie Dengler
Paul-Keller-Ring
8600 Bamberg

Dr. Erich Dumrauf
Bamberger Straße 78
8601 Breitengüßbach

Dr. Friedrich Dörfler
Oberend 25
8604 Scheßlitz/Oberfranken

Dr. Marianne Brandt
Dr.-Thomas-Dehler-Straße 3
8620 Lichtenfels

Dr. Günther Hirsch
Hauptstraße 7
8782 Karlstadt/Main

Dr. K. H. Schmied
St.-Mauritius-Straße 19b
8702 Estenfeld

Dr. Arthur Sem
Amselweg 5
8836 Ellingen

Dr. Meinel
Singerstraße 1
8900 Augsburg

Dr. Axel Nitzschke
Frohsinnstraße 11
8900 Augsburg

Dr. Robert Bachmann
Bahnhofplatz 6
8939 Wörishofen

Dr. Bärbel Lang
Herlinstraße 9
8940 Memmingen

Dr. Günther Weishaupt
Reinpoldstraße 10
8948 Mindelheim

Dr. H. G. Schmidt
8951 Baisweil

Österreich:

Dr. Elfriede Nitsche
Prinz-Eugen-Straße 6
A 1200 Wien

Dr. Eberhard Weltin
Brigittenauer Ländle 148/13/6
A 1200 Wien

Dr. Herbert Oberhollenzer
A 2511 Pfaff

Dr. O. Polzer
Melicharstraße 15
A 4020 Linz

Dr. Ernst-Peter Kollmer
A 4902 Wolfsegg am Hausruck

Dr. Wilfried Schück
Mülheimer Straße 6
A 4950 Altheim

Dr. W. Kurz
A 6344 Walchsee 79/Kufstein

Drs. G. und A. Haschemian
Raiffeisenstraße 24
A 6369 Schöneck 1

Schweiz:

Dr. Cornelia Frischkecht
Buristraße 12
CH 3006 Bern

Dr. K. Blöchlinger
CH 6373 Ennetbürgen NW

Dr. Ernst Bauer
Kurhaus Prasura
Höhwaldweg 880
CH 7050 Arosa

Kontaktadressen: Fastenwochen für Gesunde

Bei den angegebenen Kontaktadressen erfahren Sie, wo man mit anderen unter kundiger Führung fasten kann.
W: am Wohnort, im eigenen Zuhause. *K:* in Kursform, woanders; Prospekt anfordern.

Deutschland:

W Bezirksamt Charlottenburg
Gesundheitsberatung
für Erwachsene
Wilmersdorfer Straße 98/99
1000 Berlin 12

K/W Helmut Güntzel
Eichendorffstraße 32
2000 Schenefeld

K Christoph Michl
Normanhauser Weg 182
2811 Martfeld

K/W Regionalbüro UGB
Dr. jur. Dietrich Geißler
Bismarckstraße 10
3353 Bad Gandersheim

W Familienbildungsstätte
Wolfgang Milinski
Buschacker 4
4223 Voerde

K/W Projekt Gesundheit
Theo Bauth
Achtermannstraße 24
4400 Münster

W Familienbildungsstätte
Steinfurt
Werner Großmann
Schulstraße 3
4430 Steinfurt

W Regionalbüro UGB
Luise Brüggemann
Gablonzer Weg 44
4440 Rheine

W Apotheker
Paul-Christoph Dörr
Im Grund 2–4
4542 Tecklenburg

W Herbert Koll
Holperdorper Straße 25
4543 Lienen

K Hannelore Linnig-Fölsing
Schaffhausenstraße 5
5430 Bad Honnef-Rommersdorf

K/W Verband UGB
Thomas Männle
Keplerstraße 1
6300 Gießen

K/W W. G. Remmert
Markusstraße 13
6642 Mettlach 3

K Ökum. Zentrum
Meditation/Begegnung
Neumühle
6642 Mettlach 4

K/W Helmut Wetzel
Hauptstraße 93
6690 St. Wendel

Fam.-Bild.-Arbeit
Elke Faber-Mehlhorn
Karl-Helfferich-Straße 16
6730 Neustadt/Weinstraße

W Kath. Bildungswerk
Karl-Adam-Haus
Hospitalstraße
7000 Stuttgart

K/W Veronika Wichmann
Brucknerstraße 26
7030 Böblingen

K Regionalbüro Stuttgart UGB
Dr. Hilmar Burggrabe
Kirschhalde 1
7031 Aidlingen

K Institution Ganymed
Heribert Reichhelm/Helga Welsner
Mettenbergstraße 35
7200 Tuttlingen-Möhringen

W Cornelia Heinemann
Wilhelmstraße 8
7208 Spaichingen

W Susi Uebele
Mozartstraße 24/1
7310 Plochingen

W Familienbildungsstätte
Walter Schlecht
Widerholdstraße 4/Vogthaus
7312 Kirchheim-Teck

W Gudrun Keller
Tobelweg 15
7321 Aichelberg

K Katholisches Fastenzentrum
Herr Kister
Samariterweg 7
7701 Volkertshausen 1

K Deutsche Ferienakademie
Klaus Bühler
St.-Ulrich-Straße 7
7770 Überlingen

W Volkshochschule Bodenseekreis
Postfach 1940
7990 Friedrichshafen 1

W VHS Haar
Marianne Heidegger
Friedrich-Ebert-Straße 12
8013 Haar

K Ingeborg Schneider
Grießbachstraße 27
8943 Babenhausen/Schwaben

K Kneippverein Scheidegg
Renate Klein
Hirschbergweg 23
8999 Scheidegg

Schweiz:

K Sporthotel Stoos
CH 6433 Stoos/Schwyz

K Charlotte Gerber
Casa Brogini
CH 6611 Loco/Tessin

K »Sonnenseitig leben«
Rosemarie Fröhlicher
Holbeinstraße 30
CH 8008 Zürich

Sachregister

CIP-Titelaufnahme der Deutschen Bibliothek

Hopfenzitz, Petra:

Fasten und Meditation: den Körper entlasten; die Kraft der inneren Bilder nutzen; zu einem neuen Selbstbewußtsein finden; Rat und Anleitung für eine Fastenwoche / Petra Hopfenzitz; Hellmut Lützner. – Neuausg., 1. Aufl. – München: Gräfe u. Unzer Verlag, 1991
(GU Ratgeber Leben)
ISBN 3-7742-2512-5
NE: Lützner, Hellmut:

Überarbeitete Neuausgabe 1991

Redaktion: Doris Schimmelpfennig-Funke
Lektorat: Verena Zemme
Korrektorat: Christine Kohl
Herstellung: Buchservice, München; Felicitas Holdau
Layout und Umschlaggestaltung: Heinz Kraxenberger
Gesamtherstellung: Ludwig Auer GmbH, Donauwörth

ISBN 3-7742-2512-5